초등학생을 위한
기적의 신체놀이

2학년 2학기

☑ **일러두기**

'기적의 신체놀이' 시리즈는 '2022개정 교육과정 통합교과서'를 참고하여 개발 및 집필되었음을 밝힙니다.

초등학생을 위한
기적의 신체놀이

2학년 2학기

서은철 글 | 김재희 그림

서문

최근 교육 현장에서 에듀테크와 다양한 수업 기술이 발전하면서, 노트북과 태블릿과 같은 현대적인 보조 자료들이 학교에 보급되고 있습니다. 이러한 기술들이 교수·학습의 형태를 보다 효율적이고 효과적으로 만들어 주고 있지만, 동시에 학생들의 신체활동 시간은 점점 줄고 있습니다. 저체력 학생의 비중이 갈수록 늘고 있으며, 신체활동 콘텐츠에 대한 관심도 줄고 있는 현실입니다. 학생들의 신체활동에 대한 욕구는 여전히 강하지만 미세먼지, 황사, 우천 등 환경적 요인과 강당 및 운동장 사용 시간 확보의 어려움, 그리고 신체활동 콘텐츠의 부족으로 실제 신체활동 시간은 줄고 있는 상황입니다.

이러한 문제를 해결하고자 2024년부터 도입되는 2022 개정 교육과정에서는 1~2학년 학생들의 신체활동 놀이를 더욱 강조하고 있습니다. 2015 개정 교육과정에서는 '즐거운 생활' 과목에 신체·놀이활동이 80시간 배정되었으나, 2022 개정 교육과정에서는 '즐거운 생활' 128시간과 '안전교육' 16시간으로 확대되었습니다. 이는 단순히 수업 시간을 늘리는 것을 넘어, 학생들이 실제로 뛰어놀며 신체 움직임을 수반하는 체육 개념으로 재편성된 것입니다. 이로 인해 학생들은 보다 동적인 신체활동을 통해 신체 능력을 발전시킬 기회를 가지게 됩니다.

기존에 개발되어 학교 현장에 보급된 체육 놀이 활동은 주로 중·고학년을 대상으로 하여, 저학년 학생들에게 적합한 활동이 부족했습니다. 저학년 학생들은 신체활동에 대한 접근 방식이 다르고, 날씨나 특별실 사용에 대한 제약 없이 쉽게 적용할 수 있는 놀이가 필요합니다. 따라서 우리는 이러한 요구를 반영하여 저학년도 쉽게 접근할 수 있는 새롭고 재미있는 신체활동 놀이를 개발하고 보급하고자 했습니다. 이 책은 8가지 기본 움직임 요소를 중심으로 구성되어 있으며, 각 요소에 맞는 놀이를 제공하여 학생들이 신체적으로 다양한 경험을 할 수 있도록 설계되었습니다.

책의 구성은 이해하기 쉬운 그림책 형식으로 되어 있으며, 학기별로 신체활동을 효과적으로 적용할 수 있도록 구성하였습니다. 1학년 1학기부터 2학년 2학기까지의 학습 환경에 맞춘 신체활동을 제시함으로써, 교사들이 수업 계획을 세우는 데 실질적이고 구체적인 도움을 받을 수 있도록 했습니다. 각 활동은 교실, 운동장, 강당 등 다양한 장소에서 적용할 수 있으며, 대안 활동을 제시하여 교사들이 환경에 맞춰 유연하게 활용할 수 있도록 하였습니다.

이 책의 집필에 도움을 준 분들께 특별히 감사의 마음을 전하고 싶습니다. 먼저 집필 활동에 참여해 주신 1분에듀 연구회와 가바보 연구회 선생님들께 깊은 감사를 드립니다. 여러분의 열정과 헌신 덕분에 이 책이 완성될 수 있었습니다. 활동을 구상하고 교실에서 시도하며 피드백을 주고받는 과정에서 보여 주신 노력과 협력은 이 책의 품질을 높이는 데 큰 기여를 했습니다.

또한 제 아내이자 그림작가인 김재희 선생님께도 진심으로 감사드립니다. 제 그림 실력으로는 감당할 수 없는 많은 삽화를 기꺼이 맡아 주셨고, 학기 중 퇴근 후 늦은 시간까지, 그리고 방학까지 모두 반납하며 함께 작업해 주셨습니다. 신혼의 달콤한 시간을 포기하고 함께한 이 과정은 우리에게 큰 의미가 되었고, 이 책이 완성되기까지의 중요한 원동력이 되었습니다.

이 책이 학생들에게 즐겁고 유익한 신체활동을 제공하며, 교사들에게는 신체활동 수업을 원활하게 진행할 수 있는 유용한 도구가 되기를 진심으로 바랍니다. 신체활동을 통해 학생들이 신체적, 사회적, 정서적으로 건강하게 성장할 수 있기를 바라며, 교사들이 이 책을 통해 학생들과 함께 즐거운 신체활동을 경험하길 기대합니다. 이 책이 모든 독자에게 유익한 자료가 되기를 소망합니다.

2024년 8월

서은철

차 례

1부

계절

통합교과서의 '계절' 단원은 계절의 변화를 이해하고 이에 따라 계절과 우리 생활의 관계를 탐구하며, 계절의 변화를 느끼고 자신의 생활을 조정하는 능력을 기르며, 다양한 방식으로 표현하고 놀이하는 데 초점을 맞추어 개발되었습니다. 교과서에서는 '계절' 단원을 배우는 시기를 고려하여 가을의 모습을 가장 많이 담고 있으나 학교 여건에 따라 다른 시기에도 유연하게 가르칠 수 있도록 다양한 활동들을 제시했습니다. 따라서 이 책에서는 '계절'을 주제로 봄-여름-가을-겨울 어느 시기에나 활용할 수 있도록 다양한 실내, 실외놀이를 제공합니다. 예를 들어, 줄넘기를 활용한 '줄넘기 릴레이', 공을 활용한 '한마음 드리블 릴레이' 같은 활동적인 실외 놀이와 '독 안에 든 쥐 놀이', '포스트잇 높이뛰기' 같은 실내 놀이를 골고루 제공하여 아이들이 계절의 변화에 따라 다양한 활동을 하며 자연에 대한 이해와 함께 계절의 변화를 몸으로 느끼고 즐길 수 있도록 구성했습니다.

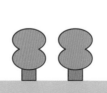

기본 움직임 요소	교실 놀이	강당이나 운동장 놀이
몸풀기	덧셈 협동 줄넘기	줄넘기 릴레이
도구 활용		막대 술래잡기 막대 협동 릴레이
밀기 당기기 균형잡기	밀당의 고수 독 안에 든 쥐 놀이	
	콩주머니 술래잡기	콩주머니 거울 놀이
걷기 달리기	색깔꽃이 피었습니다	
높이뛰기 멀리뛰기	포스트잇 높이뛰기	온몸으로 높이뛰기
던지기 치기 차기	버뮤다 드리블 놀이	한마음 드리블 릴레이

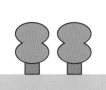

몸풀기

덧셈 협동 줄넘기

- 활동 장소 : 교실/강당/운동장　　・활동 인원 : 전체　　・준비물 : 주사위, 줄넘기

이 활동은 주사위를 4번 던져서 나온 두 자릿수 2개를 더해서, 계산 결과
만큼 학급 학생 전체가 줄넘기를 넘어야 하는 단체 협동형 놀이입니다.

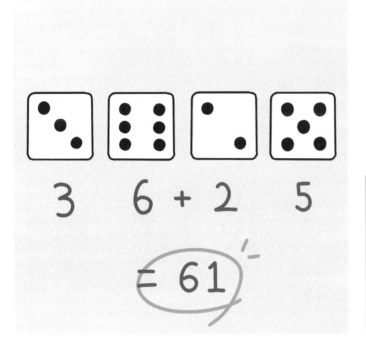

1 주사위를 총 4번 던져서, 나온 숫자의 순서대로 두 자릿수 2개를 만들어 더한다. 더한 숫자는 전체가 줄넘기를 넘어야 할 횟수가 된다.

은철쌤 깨알 꿀팁

활동하기 전 1명이 줄넘기를 할 수 있는 공간을 충분히 확보한다.
더했을 때 100보다 큰 숫자가 될 수도 있고, 30보다 작은 숫자가 될 수도 있다. 예측할 수 없는 숫자가 나오는 것이 놀이의 묘미이므로 다양한 경우를 학생들이 경험해 보도록 하는 것이 좋다.

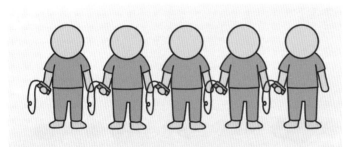

2 1명씩 나와서 양발 모아 뛰기로 줄넘기를 하며, 각 학생이 뛴 줄넘기의 수를 교사가 기록한다.

은철쌤 깨알 꿀팁

줄넘기를 뛰는 순서는 번호 순서나 키 순서, 또는 무작위 뽑기 등 다양한 방법으로 정할 수 있다.
학생들의 수준에 따라 양발 모아 뒤로 뛰기, 번갈아 뛰기 등의 자세로 뛰도록 한다. 줄넘기 수를 기록하는 역할은 꼭 교사가 아니어도 가능하다.

3 모든 학생이 줄넘기를 하며
  학급이 넘어야 할 줄넘기의
  수만큼 채우면 성공!

은철쌤 깨알 꿀팁

줄에 걸리면 다음 사람이 줄넘기
를 하고, 횟수는 줄에 걸리기 전
횟수까지 인정한다.
넘어야 할 숫자에 딱 맞추어 줄넘
기를 넘어야 한다는 규칙을 추가
하면, 학생들이 다른 친구가 줄넘
기를 몇 회 넘는지 보느라 놀이에
집중하여 참여할 수 있다.

줄넘기 릴레이

· 활동 장소 : 강당/운동장   · 활동 인원 : 두 팀 경쟁   · 준비물 : 라바콘, 줄넘기

이 활동은 팀을 나누어 릴레이 달리기를 하며 반환점에서 줄넘기 미션을
수행하고 돌아오는 팀 경쟁 놀이입니다.

줄넘기 릴레이 활동 방법

1 학급을 두 팀으로 나누고, 달릴 순서를 정한 뒤 팀별로 출발점 앞에 한 줄로 선다.

2 교사의 출발 신호에 맞추어 주자는 반환점까지 힘차게 달리고, 반환점에 있는 줄넘기를 집어 줄넘기 미션(양발 모아 뛰기 10번)을 수행한다.

3 줄넘기 미션을 완료하면 반환점을 돌아 다시 출발점으로 달려 다음 주자와 하이파이브를 하고, 마지막 주자가 가장 먼저 도착한 팀이 승리한다.

은철쌤 깨알 꿀팁

줄넘기를 하다가 발에 걸렸을 경우, 걸린 시점부터 횟수를 이어서 세도록 한다.
도착한 주자는 줄의 맨 뒤로 가서 앉도록 하면 질서 있게 놀이를 진행할 수 있다.

도구 활용

막대 술래잡기

- 활동 장소 : 강당/운동장   • 활동 인원 : 전체   • 준비물 : 막대(펀스틱), 팀조끼

이 활동은 손바닥에 막대를 올려 균형을 잡으면서 움직이는 놀이입니다.

1 활동 시작 전에 개인별로
   다음을 연습한다.
   – 막대를 손바닥에 올리고
     제자리에서 균형잡기.
   – 막대를 손바닥에 올리고
     움직이면서 균형잡기.

은철쌤 깨알 꿀팁

충분한 공간을 확보하여 학생들이 막대
를 손바닥에 올리고 균형을 잡을 때 옆
친구와 부딪히지 않도록 한다.
활동 시작 전 막대를 올리고 균형을 잡으며
최대한 많이 움직이는 개인 활동을 한다.

2 술래 1명은 출발점에, 나머
   지 학생들은 술래와 최대한
   떨어진 곳에 서고, 모두 손
   바닥에 막대를 올린다.

은철쌤 깨알 꿀팁

학생들이 균형을 잡기 어려워할 수 있으
므로 막대는 너무 길거나 얇지 않은 플레
이스틱을 사용한다. 플레이스틱 중간 숏
사이즈가 적당하다.

막대 술래잡기 활동 방법

3 술래에게 잡히거나 자신의 막대를 손바닥에서 떨어뜨리면 술래가 되어 출발점에서 출발한다.

은철쌤 깨알 꿀팁

술래에게 잡히거나 막대가 떨어져 술래가 된 학생이 술래가 되었다는 것을 표시하기 위해 팀조끼를 입어 학생들이 구분할 수 있도록 한다.
모두 술래가 되면 처음부터 다시 놀이를 시작한다.

막대 협동 릴레이

• 활동 장소 : 강당/운동장   • 활동 인원 : 전체   • 준비물 : 막대(플레이스틱)

이 활동은 학생들이 막대가 떨어지지 않도록 균형을 잡으면서 걷거나 달리는 놀이입니다.

막대 협동 릴레이 활동 방법

1 릴레이를 하기 전에 2, 3명씩 서로 손바닥에 막대를 대고 균형잡기 활동을 한다.

은철쌤 깨알 꿀팁

학생들이 손바닥에 막대를 대고 균형잡기 활동을 할 때 막대가 떨어지지 않게 하면서 자리에 앉거나 돌거나 걷는 활동을 충분히 하도록 지도한다.

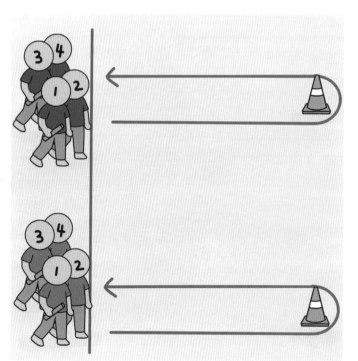

2 두 팀으로 나누고 2명씩 모둠에서 출발하는 순서를 정한다.

은철쌤 깨알 꿀팁

모둠에서 릴레이를 하기 전에 막대를 손바닥에 대고 균형잡기 활동을 통해 호흡이 잘 맞는 친구로 짝을 선정하고 모둠에서 순서를 정한다.

3 2명씩 손바닥에 막대를 대고 반환점을 돌아 다음 주자에게 터치하며 놀이한다.

은철쌤 깨알 꿀팁

막대가 떨어지면 떨어진 지점에서 다시 손바닥에 막대를 대고 출발한다.
2명씩 막대를 마주 대고 돌아오기에 성공하면 막대를 마주 대는 인원을 늘려 가며 놀이를 반복한다.

밀기·당기기·균형잡기

밀당의 고수

- 활동 장소 : 교실   • 활동 인원 : 2인 1조   • 준비물 : 원마커, 펀스틱

이 활동은 2명씩 짝을 지어 맞잡은 펀스틱을 밀거나 당기면서 영역 밖으로 벗어나지 않도록 버티는 경쟁형 놀이입니다.

1 2명씩 짝을 짓고 각각 원마커 2개와 펀스틱 1개를 준비한다.

은철쌤 깨알 꿀팁

바닥에 각 원마커를 내려놓는데 2명의 학생이 펀스틱을 잡았을 때 서로 밀고 당기기 적당한 간격이면 좋다.
키나 체격이 비슷한 학생끼리 짝을 지어 주어야 밀고 당길 때 힘의 균형이 맞는다.

2 학생 2명이 각각 원마커 위에 올라가 펀스틱을 잡고 선다.

은철쌤 깨알 꿀팁

펀스틱을 잡을 때 각자의 오른손끼리 또는 왼손끼리 잡아 펀스틱이 몸 앞에서 엇갈리도록 한다. 또한 활동 중 뒤로 넘어질 수도 있으니 반드시 양손이 아닌 한 손으로만 잡도록 해야 한다.

3 시작 신호와 함께 잡고 있는 펀스틱을 서로 밀거나 당겨 상대의 균형을 무너뜨린다.

은철쌤 깨알 꿀팁

밀거나 당기다가 상대방의 발을 먼저 원마커 바깥으로 나가게 하면 이기는 경우와 제한 시간 동안 발이 더 적게 나간 학생이 이기는 경우로 나누어 활동해도 좋다.
놀이 중 안전이 가장 중요하다. 따라서 갑자기 펀스틱을 놓는 행동은 절대 금지라는 점을 확실히 인지시켜야 한다.

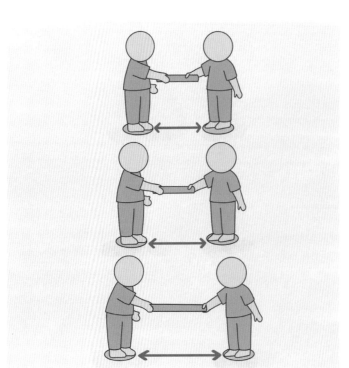

4 학생과 학생 사이 간격을 점점 벌리면서 놀이의 난도를 높일 수 있다.

은철쌤 깨알 꿀팁

학생들이 놀이에 어느 정도 익숙해지면 밟고 서 있는 원마커의 거리를 점차 벌려 난도를 높일 수 있다. 거리가 멀어질수록 펀스틱을 잡는 자세가 불안정해져 밀고 당기는 힘을 버티기가 어려워진다.

독 안에 든 쥐 놀이

- **활동 장소** : 교실   - **활동 인원** : 6~8명   - **준비물** : 라인테이프 또는 콘

이 활동은 원 안에서 등을 맞대고 있는 학생들을 원 밖에서 손을 뻗어
잡는 놀이입니다.

독 안에 든 쥐 놀이 활동 방법

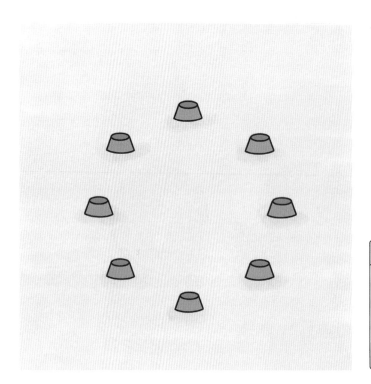

1 라인테이프나 콘을 이용하여 '원' 영역을 표시한다.

2 쥐가 될 학생은 원 안에, 고양이(술래) 2명은 원 밖에 서서 놀이를 준비한다.

3 원 안의 쥐들은 고양이(술래)
에게 터치되지 않기 위해 등
을 맞댄 채 서로 밀고 당긴다.

은철쌤 깨알 꿀팁

원 안의 학생들은 서로 등을 맞대고 원
밖을 바라보며 둥글게 선다. 이때 양옆의
친구와는 서로 팔짱을 낀 채 준비한다.
원 밖의 술래들은 원 안으로 들어올 수
없고 원둘레를 따라 이동하며 손만 뻗을
수 있다. 신체 접촉에 민감한 학급에서는
동성끼리 하는 것을 추천한다.

4 고양이(술래)에게 터치되면
원 밖으로 나와 술래가 된다.

은철쌤 깨알 꿀팁

술래에게 터치되어 원 밖으로 나오더라
도 세 번째 술래가 되어 활동을 이어 할
수 있다. 이렇게 반복하다 원 안의 학생
이 2명만 남으면 놀이가 끝난다. 술래가
펀스틱이나 풍선을 잡고 친구들을 터치
하는 것으로 변경해도 좋다.

콩주머니 술래잡기

- 활동 장소 : 교실　　- 활동 인원 : 전체　　- 준비물 : 콩주머니

이 활동은 손등 위에 콩주머니를 하나씩 올려놓고 떨어지지 않게 균형을 잡으며 술래를 피해 다니는 놀이입니다.

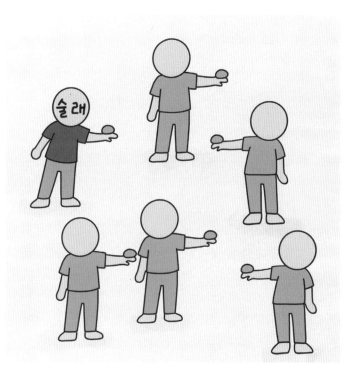

1 술래를 1명 정하고, 모두 손
등 위에 콩주머니를 올린다.
콩주머니를 올린 손은 팔꿈
치를 펴 앞으로 뻗는다.

은철쌤 깨알 꿀팁

이 놀이는 뛰는 술래잡기가 아니기 때문
에 교실의 책상을 그대로 두고 해도 된
다. 넓은 공간에서 놀고 싶을 때는 책상
을 모두 밀고 진행하면 된다.
학생들이 콩주머니를 올린 손을 다른 신
체 부위(어깨, 가슴, 배, 허리)에 대지 않고
균형을 잡을 수 있게 팔을 앞으로 쭉 뻗도
록 지도한다.

2 술래는 "5, 4, 3, 2, 1"을 세
고 친구들을 잡으러 간다.
술래에게 잡히거나 콩주머
니를 떨어뜨리면 탈락.

은철쌤 깨알 꿀팁

술래의 손등 위에 올라간 콩주머니가 떨
어지면 그 자리에서 다시 올린 후 "5, 4,
3, 2, 1"을 외치고 시작할 수 있음을 미리
안내한다.
안전을 위해 모든 학생이 걸으면서 하는
술래잡기라는 점을 주지시킨다.

10. 9. 8. 7..

균형 Zone

3 탈락자는 '균형 존(Zone)'에 들어가 콩주머니를 머리에 올리고 '10초 학다리 서기' 미션을 한다.

은철쌤 깨알 꿀팁

탈락하고 나면 금세 실망하고 흥미를 잃는 학생들을 위해 부활의 기회를 준다. 머리 위 콩주머니를 떨어트리지 않고 10초간 학다리로 서기 전에 기본동작을 연습해 보는 것이 좋다.

4 미션에 성공하면 양 손등에 콩주머니를 하나씩 올리고 다시 참여한다. 제한 시간 안에 마지막까지 살아남은 친구가 다음 술래가 된다.

은철쌤 깨알 꿀팁

놀이 시간은 10명 내외는 1~2분, 20명 내외는 3~4분을 추천한다.
부활 전과 후를 구분하기 위해 부활 후에는 콩주머니 개수를 2개로 늘리고, 양 팔을 모두 쭉 뻗도록 지도한다. 부활 후에 또다시 탈락하면 '균형 존'에 앉기 또는 자기 자리에 앉도록 사전에 약속하면 좋다.

콩주머니 거울 놀이

조심조심~

· 활동 장소 : 강당/운동장   · 활동 인원 : 모둠   · 준비물 : 콩주머니

이 활동은 어떤 모둠이 콩주머니를 떨어뜨리지 않고 균형을 잘 잡는지
대결하는 놀이입니다.

콩주머니 거울 놀이 활동 방법

→ 오뚝이 ←

1 모둠별 오뚝이(대표자) 1명을
뽑고, 나머지는 출발선에 한
줄로 선다.

팔이구나!
미리 준비해야지

괜찮아,
천천히 와도 돼

2 원하는 신체 부위에 콩주머
니를 올린 채 걸어간다. 거울
에 비추는 것처럼 오뚝이의
몸에 콩주머니를 옮긴다.

3 콩주머니가 떨어지면 출발
점에서 다시 시작한다. 옮
기기에 성공하면 출발점으
로 돌아가고, 다음 친구가
출발한다.

은철쌤 깨알 꿀팁

다음 학생이 이미 콩주머니를 올려놓은
채 대기할 수 있고 이전 학생이 출발점을
통과하면 이어서 출발하도록 한다. 제한
시간 안에 여러 번 왕복할 수 있도록 서
로를 응원하는 분위기를 만들어 준다.

4 오뚝이의 몸에 올라가 있
는 콩주머니 개수가 가장
많은 모둠이 승리한다.

은철쌤 깨알 꿀팁

오뚝이가 떨어뜨린 콩주머니는 다시 올
려놓지 않는다. 가장 많은 콩주머니가 올
려진 모둠이 승리하는 방식이 지나친 승
패 가르기라고 생각된다면, 최종 목표 개
수(회차별 합산 개수)를 정해 주거나 회
차별 특별 목표를 제시하면 좋다. 예를
들어, 이번 놀이 시간 동안 모둠별로 콩
주머니 n개 올리기, 오뚝이 어깨 위에 6
개 올리기 등과 같은 방식이 있다.

걷기 · 달리기

놀이 1

색깔꽃이 피었습니다

색깔꽃이 피었습니다

· 활동 장소 : 교실　　· 활동 인원 : 전체　　· 준비물 : 색연필

이 활동은 술래가 "○○색 꽃이 피었습니다!"라고 말하면 제한 시간 안에 술래가 뽑은 색깔을 교실에서 찾아 태그하는 놀이입니다.

1 술래를 정하고 술래는 교실 칠판 앞에, 나머지 친구들 은 교실 뒤쪽에 선다.

은철쌤 깨알 꿀팁

교실에서 진행하기에 학생 수가 많다면 두 팀으로 나누어 진행한다. 다른 팀이 하는 동안에는 자기 책상에 앉아 있도록 하는 등 학생 수에 따라 한 번에 참여하 는 인원수를 조절하여 재미를 더하고 안 전사고를 예방한다.

2 술래는 색연필 주머니에서 색연필 하나를 뽑아 "○○색" 이라고 외치며 친구들에게 보여 준다.

은철쌤 깨알 꿀팁

나머지 학생들이 교실 곳곳을 둘러보고 찾아야 할 색이 어디에 있는지 확인할 수 있도록 충분한 시간을 준다. 교실에는 다 양한 색이 있지만 색연필 중 교실에서 아 무리 찾아봐도 없는 색, 학생들이 말로 표현하기 어려운 색은 교사가 미리 빼놓 는다.

3 술래는 뒤로 돌아 눈을 감은 뒤 "○○색 꽃이 피었습니다!"를 외치고 그동안 다른 친구들은 술래가 외친 색을 교실에서 찾아 이동한다.

은철쌤 깨알 꿀팁

술래가 뒤(칠판 쪽)로 돌아 "○○색 꽃이 피었습니다"라고 외치는 동안만 이동이 가능하므로 교실 구석구석을 잘 살펴 술래가 외친 색이 있는 사물이나 친구의 옷 등을 찾은 후 목표한 곳으로 조금씩 이동해야 한다.

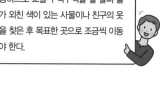

4 술래가 "○○색 꽃이 피었습니다"를 외친 후 뒤로 돌아보았을 때 움직이면 안 된다. 반복하여 마지막에 남은 사람이 다음 술래가 된다.

은철쌤 깨알 꿀팁

아웃되지 않고 술래가 외친 색까지 무사히 도착하면 해당 색을 손으로 태그하고 대기한다. 친구들 옷에 원하는 색이 있으면 색이 있는 부분을 터치하기보다 친구의 어깨를 살짝 잡는 등 상대가 불쾌하지 않은 방법을 미리 규칙으로 정한다. 목표한 곳에 누군가 먼저 있으면 그 사람과 새끼손가락을 걸도록 하고 한 곳의 최대 인원은 2명 등 인원을 적절히 조정하여 안전사고를 예방한다.

05

높이뛰기 · 멀리뛰기

포스트잇 높이뛰기

· 활동 장소 : 교실   · 활동 인원 : 전체   · 준비물 : 포스트잇, 전지

이 활동은 높이 뛰어 포스트잇을 벽에 붙이는 놀이입니다.

포스트잇 높이뛰기 활동 방법

1 교실 벽 한쪽 적당한 높이에 전지를 붙이고 교사는 전지에 매직으로 목표선을 그어 준다.

은철쌤 깨알 꿀팁

시중에서 판매하는 이젤패드를 사용하면 교실 벽면에 종이로서 편리하게 붙일 수 있다. 전지가 없다면 교실 기둥에 해도 무방하다.

2 학생들에게 포스트잇 2장씩을 나눠 주고 포스트잇 각각에 자신의 이름과 높이 뛰기를 잘할 수 있는 방법을 적게 한다.

은철쌤 깨알 꿀팁

손 쭉 뻗어 높이뛰기, 한 발로 뛰기, 모둠발로 뛰기 등 다양한 뛰기 방법을 안내하고 학생들이 도전해 보게 한다.

포스트잇 높이뛰기 활동 방법

3 차례대로 전지 앞에서 포스트잇을 잡고 높이뛰기 하여 최대한 높은 곳에 포스트잇을 붙인다.

은철쌤 깨알 꿀팁

학생들에게 다양한 높이뛰기 방법을 시도해 보도록 안내하고, 활동이 끝난 후에 높은 곳에 붙은 포스트잇들은 어떤 높이뛰기 방법으로 도전하였는지 발표하고 공유해 본다.

4 교실에 전지를 그대로 전시해 두고, 다음에 더 높이 뛰어 포스트잇을 붙일 수 있도록 도전해 본다.

은철쌤 깨알 꿀팁

교실에 전시하여 자신의 기록을 높여 가는 도전 활동과 연계하여 진행해도 좋고, 높이 뛰어서 붙어 있는 포스트잇을 떼는 활동으로 진행해도 좋다.

온몸으로 높이뛰기

- 활동 장소 : 강당/운동장
- 활동 인원 : 2인 1조
- 준비물 : 펀스틱

이 활동은 펀스틱을 이용하여 높이뛰기 동작을 연습하는 놀이입니다.

온몸으로 높이뛰기 활동 방법

1 2명씩 짝을 짓고 펀스틱 1개씩을 가져간다.

은철쌤 깨알 꿀팁

키가 비슷한 학생끼리 짝을 지어 주면 원활하게 활동할 수 있다.

2 1명이 펀스틱을 높이 들면 나머지 1명은 높이뛰기를 통해 다양한 신체 부위(손-머리-무릎 등)를 펀스틱에 접촉한다.

은철쌤 깨알 꿀팁

더 높이 뛰고 싶다면 펀스틱을 잡은 학생이 의자 위에 올라가서 펀스틱을 들어 주는 방법이 있다.

3 높이뛰기 기본동작에 익숙
해지면 펀스틱 뛰어넘기 동
작을 연습해 본다.

은철쌤 깨알 꿀팁

제자리 뛰어넘기에 익숙해지면 출발선
과 도착선을 정해 놓고 펀스틱을 이어
나가며 도착선까지 뛰어넘기 활동을 해
도 좋다.

던지기·치기·차기

버유다 드리블 놀이

• 활동 장소 : 교실　　• 활동 인원 : 세 팀 경쟁　　• 준비물 : 원마커, 공

이 활동은 세 팀으로 나뉘어 공을 드리블하여 본인이 속한 팀의 원마커
로 공 3개를 먼저 모으는 팀이 이기는 팀 경쟁 놀이입니다.

1 세 팀으로 원마커 위에 나
누어 서고, 가운데 원마커
에 공 7개를 모아 놓는다.

은철쌤 깨알 꿀팁

차례가 되지 않은 친구들은 안전사고 예
방을 위해 최대한 교실 바깥쪽에 위치하
고 자리를 이탈하지 않도록 한다.

2 출발 신호가 울리면 가운데
원마커에서 공을 드리블하
여 우리 팀 원마커로 가져
온다.

은철쌤 깨알 꿀팁

원마커에 공을 둘 때 굴려서 정확히 위
치시켜야 함을 미리 안내한다. 만약 공이
굴러가 원마커 위에 있지 않다면 카운트
하지 않는다.

3 원마커에 공 3개를 먼저 가
져오는 팀이 점수를 획득
한다.

은철쌤 깨알 꿀팁

공의 개수가 7개이기 때문에 필연적으로 다른 팀 원마커로 가 공을 가져오게 된다. 이때 우리 팀 공을 지키기 위한 수비 동작은 불가능하다.

4 팀의 모든 학생이 경기를 한
후 가장 점수가 높은 팀이
승리한다.

은철쌤 깨알 꿀팁

각 팀의 학생 수가 같지 않으면 수가 적은 팀의 구성원 중 1명이 한 번 더 경기를 수행하는 방식으로 진행하면 된다.

한마음 드리블 릴레이

· 활동 장소 : 강당/운동장   · 활동 인원 : 전체   · 준비물 : 라바콘

이 활동은 한 반이 한 팀이 되어 축구공을 이어서 드리블하며 반환점을 돌아오는 협동 놀이입니다.

한마음 드리블 릴레이 활동 방법

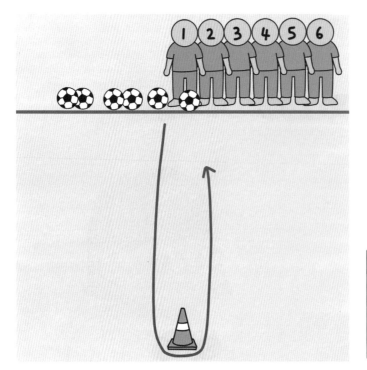

1 달릴 순서를 정한 뒤 출발선 앞에 한 줄로 선다.

은철쌤 깨알 꿀팁

경쟁 활동이 가능하다면 팀을 나누어 팀 경쟁 놀이로 변형할 수 있다. 팀을 나누어 활동한다면 모든 팀원이 먼저 들어오면 승리한다.

2 교사의 출발 신호에 맞추어 주자가 드리블하며 달려 반환점을 돌아온다. 대기하는 학생들은 양발로 번갈아 공을 주고받으며 대기한다.

은철쌤 깨알 꿀팁

모든 학생이 공을 가지고 있을 때는 순서를 기다리는 동안 양발로 번갈아 공을 주고받을 수 있도록 한다. 공의 개수가 부족하면 드리블 순서에 가까운 순으로 공을 갖는다.

마지막 주자

3 마지막 주자가 도착 지점에 들어올 때까지의 시간을 측정하고, 시간을 줄이는 것을 목표로 하여 놀이를 계속한다.

은철쌤 깨알 꿀팁

두 번째 릴레이 시작 전에 시간을 줄이는 방법을 의논하고 연습할 시간을 주어서 전략적으로 순서를 정하게 하면 좋다.

2부

인물

통합교과서의 '인물' 단원은 과거, 현재, 미래가 서로 연결되어 영향을 미친다는 점을 강조하며, 공동체의 관점에서 인물의 삶이 나에게 주는 의미를 생각하고 공동체를 위해 어떤 삶을 살아갈 것인가에 초점을 두고 개발되었습니다. 교과서에서는 전통놀이를 경험하고 표현해 보는 활동들이 제시되어 있으며 이는 과거의 전통과 현재의 문화를 연결하는 중요한 역할을 합니다. 따라서 이 책에서는 과거와 현재의 변형된 전통놀이를 통해 과거의 놀이 문화를 체험하고, 현재의 놀이 문화를 이해하게 하며, 놀이를 통해 공동체 의식을 기르는 인성교육에 중점을 두었습니다. 예를 들어, '멀리멀리 제기차기'와 같은 변형 전통놀이와 '솜털공 컬링' 같은 현대의 놀이를 통해 과거–현재–미래의 흐름을 자연스럽게 배우는 기회를 제공하고자 했으며, '나홀로 강강술래' 같은 인성 중심의 공동체 놀이 활동으로 학생들에게 협동과 공동체 의식 함양의 기회를 제공할 수 있도록 구성했습니다. '인물' 단원의 놀이 활동으로 학생들은 전통과 현대를 연결하고, 인성 및 공동체 의식을 기르며, 창의적이고 미래지향적인 사고를 할 수 있게 될 것입니다.

기본 움직임 요소	교실 놀이	강당이나 운동장 놀이
몸풀기	메모리 체조	성장체조 무궁화꽃이 피었습니다
도구 활용	멀리멀리 제기차기	솜털공 컬링
밀기 당기기 균형잡기	원마커 손씨름	한 발로 꼬리잡기
걷기 달리기	나홀로 강강술래	앞으로 술래잡기
	묵찌빠 그대로 멈춰라	숫자 진놀이 주사위 진놀이
높이뛰기 멀리뛰기		헨젤과 그레텔

몸풀기

메모리 체조

- 활동 장소 : 교실/강당   - 활동 인원 : 전체   - 준비물 : 요가매트

이 활동은 친구들의 체조 동작을 잘 기억하고 이름을 맞히는 놀이입니다.

1 맞히기팀과 동작팀 두 팀으로 나눈다.

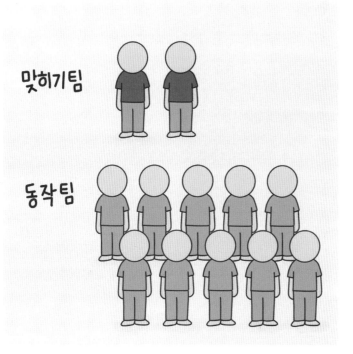

은철쌤 깨알 꿀팁

맞히기팀은 2~3명으로 하고 나머지 학생들은 동작팀으로 나누는 것을 추천한다. 맞히기팀의 학생 수로 난이도를 조절할 수 있다. 맞히기팀 학생 수가 많을수록 난이도는 낮아진다.

놀이 시작 전에 동작과 동작 이름을 익힐 수 있도록 충분한 연습 시간을 주면 좋다.

2 동작팀은 쪽지를 뽑고 번호에 맞게 매트 위에 차렷 자세로 서 있는다.

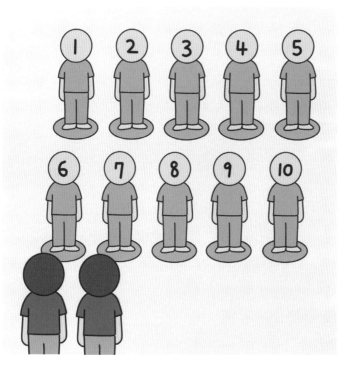

은철쌤 깨알 꿀팁

차렷 자세가 기본자세이다. 동작팀 학생들이 뽑는 쪽지에는 번호와 동작 이름이 적혀 있다. 동작팀 학생들은 쪽지에 적힌 번호와 같은 번호의 매트 위에 차렷 자세로 서 있는다.

쪽지를 만들 때는 짝이 맞게 2개씩 만들어야 한다.

3 맞히기팀이 번호를 2개 부르면 동작팀은 해당 체조 동작을 한다.

4 맞히기팀이 부른 두 친구가 같은 동작을 취하고, 맞히기팀이 그 동작 이름을 맞히면 1점 획득한다.

성장체조 무궁화꽃이 피었습니다

· 활동 장소 : 교실/강당   · 활동 인원 : 전체   · 준비물 : 돗자리 또는 천

이 활동은 성장체조 동작을 연습하고 음악에 맞춰 친구와 텔레파시가
통하는지 확인해 보는 놀이입니다.

1 성장체조 동작 3~4개를 익힌다.

은철쌤 깨알 꿀팁

저학년의 수준을 고려하여 동작의 개수는 3~4개로 정한다.
놀이 시작 전에 충분히 동작을 익힐 수 있도록 여러 번 반복한다.
라운드마다 동작의 주제를 정하여 변형 게임을 진행해도 좋다.

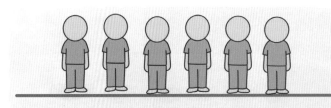

2 술래 1명과 도우미 2명을 정하고, 도우미가 양옆에서 돗자리를 펼쳐 들면 술래가 돗자리 뒤에 선다. 나머지 사람들은 출발선 안쪽에 선다.

은철쌤 깨알 꿀팁

돗자리에 술래가 가려져 출발선 안의 학생들에게 보이지 않아야 한다.
도우미 역할을 한 학생에게는 게임이 끝난 뒤 간단한 간식으로 보상해 주거나 다 같이 박수 등으로 고마움을 나타내는 시간을 갖는 것이 좋다.

3 노래가 나오면 학생들은 제 자리에서 성장체조 동작 중 하나를 한다.

은철쌤 깨알 꿀팁
노래가 나오는 동안에는 자유롭게 동작을 바꿀 수 있으나, 앞이나 뒤로 이동하지 않도록 주의를 준다.

4 노래가 멈추면 모두 동작을 멈추고 도우미는 돗자리를 내린다.

은철쌤 깨알 꿀팁
짧은 동요를 사용하는 것이 빠른 놀이 진행에 도움이 된다. 노래 없이 술래의 "성장체조 꽃이 피었습니다" 구호를 사용해도 좋다.

5 술래와 같은 동작을 한 학생들만 뜀걸음으로 한 걸음 앞으로 이동한다.
반복하여 가장 먼저 술래를 터치한 사람이 다음 술래가 된다.

은철쌤 깨알 꿀팁

학생들과 술래 사이의 거리를 고려하여 뜀걸음을 일반적인 한 걸음이나 다리찢기 등으로 바꾸어 적용해도 좋다.

도구 활용

멀리멀리 제기차기

- 활동 장소 : 교실/강당/운동장　　· 활동 인원 : 팀 경쟁　　· 준비물 : 라인, 제기

이 활동은 점수를 얻기 위해 여러 방법으로 제기차기 연습을 해 보는 놀이입니다.

1 4~5명으로 나누어 팀을 만들고 선(라인) 4개를 사용하여 1~4점 공간을 표시한다.

1점 2점 3점 4점

출발선

은철쌤 깨알 꿀팁

선들 사이 간격이 너무 멀면 점수를 내기가 너무 어려울 수 있으므로 학생들의 수준을 고려하여 간격을 조정한다. 실내라면 긴 줄넘기를, 운동장이라면 라인기를 사용하여 선을 그을 수 있다.

2 각 팀이 출발선 앞에 한 줄로 서고 앞 사람부터 제기를 찬다.

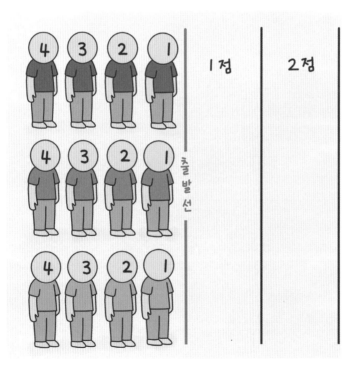

1점 2점

출발선

은철쌤 깨알 꿀팁

2명이 해야 하는 제기차기 동작의 경우 다음 차례 사람이 도움을 주며 제기를 찬다. 맨 마지막에 차는 친구는 제일 앞에 있던 친구가 도움을 준다.

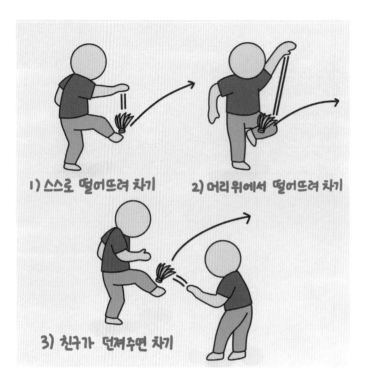

1) 스스로 떨어뜨려 차기   2) 머리 위에서 떨어뜨려 차기

3) 친구가 던져주면 차기

3 제기가 떨어진 공간의 점수를 얻으며, 각 팀의 모든 사람이 제기를 차면 다음 라운드로 넘어간다.

은철쌤 깨알 꿀팁

각 라운드의 제기차기 미션은 학생의 수준에 따라 조정 가능하며 앞 라운드 동작을 반복하여 한 라운드 더 진행해도 좋다.
머리 위에서 제기를 떨어뜨려 차는 동작의 경우 손을 뻗어 머리 아주 위에서 제기를 떨어뜨리도록 지도하면 멀리 차는 데 도움이 된다.

1점   3점   4점   2점

① ② ③ ④   ⇒ 10점

1점

2점

3점

4점

4 팀원들이 얻은 점수의 합이 그 라운드의 팀 점수가 된다. 점수가 가장 높은 팀이 해당 라운드의 승자가 된다.

은철쌤 깨알 꿀팁

팀끼리 서로 비난하지 않도록 응원하는 분위기를 형성한다.

솜털공 컬링

- 활동 장소 : 강당/운동장 · 활동 인원 : 팀 경쟁 · 준비물 : 솜털공, 훌라후프, 콘

이 활동은 팀별로 솜털공을 차고, 다른 팀원들은 훌라후프를 움직여서
더 높은 점수를 얻는 경쟁형 놀이입니다.

1 4명이 한 팀이 된다. 팀별로 공을 찰 사람 1명을 정하고, 나머지 3명은 훌라후프를 원하는 곳에 둔다.

은철쌤 깨알 꿀팁

활동 전 솜털공을 발로 차서 위로 띄울 수 있도록 연습 시간을 가지면 좋다. 또한 훌라후프의 위치를 정할 때 공을 차는 사람은 뒤를 돌아본다. 훌라후프의 위치에 따라 해당 훌라후프 안에 공이 들어가면 얻을 수 있는 점수가 다르다는 것을 미리 안내한다. 공을 차는 친구로부터 멀수록 점수가 높다. 또한 콘과 콘 사이에 여러 개의 훌라후프를 둘 수도 있다.

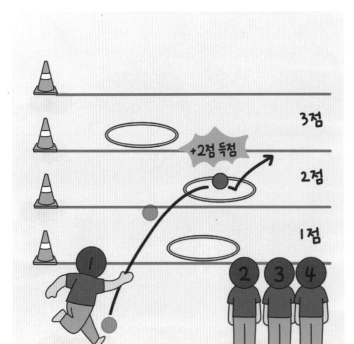

2 공을 차는 친구는 세 번의 기회 안에 훌라후프 안에 솜털공이 들어갈 수 있도록 찬다. 훌라후프에 들어가면 해당 칸의 점수를 획득한다.

은철쌤 깨알 꿀팁

안전을 위해 훌라후프를 두는 친구들은 공을 차기 전에 경기장 밖으로 나가도록 지도한다. 세 번의 기회 중 훌라후프에 여러 번 공이 들어가면 모두 합친 점수를 얻는다.

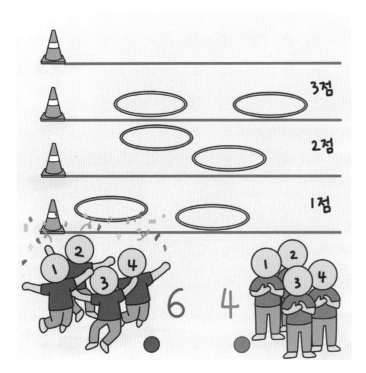

3 4라운드까지 진행하여 가장 많은 점수를 획득한 팀이 승리한다.

밀기 · 당기기 · 균형잡기

원마커 손씨름

• 활동 장소 : 교실/강당   • 활동 인원 : 전체   • 준비물 : 숫자원마커

이 활동은 손씨름 경기를 해 승리하고 숫자원마커를 획득하여 모으는 놀이입니다.

1 숫자가 표시된 원마커를 학생들에게 하나씩 나누어 준다.

은철쌤 깨알 꿀팁

원마커는 학생들의 경기장이 될 뿐만 아니라, 이긴 학생들이 모으는 점수로도 활용된다. 학급 학생들의 인원과 원마커의 수를 고려하여 규칙을 변형하도록 한다.

2 하나의 원마커 위에서 둘이 손씨름을 하고, 원마커 밖으로 밀려난 사람이 패배한다. 패배한 사람은 승리한 사람에게 자신의 원마커를 준다.

은철쌤 깨알 꿀팁

자신보다 강해 보이는 상대와 손씨름을 하지 않으려고 도망 다닐 수 있다. 따라서 어깨를 터치하면 대결이 성사되는 것으로 정하고, 한 사람과 연속해 경기할 수 없음을 알려 준다.

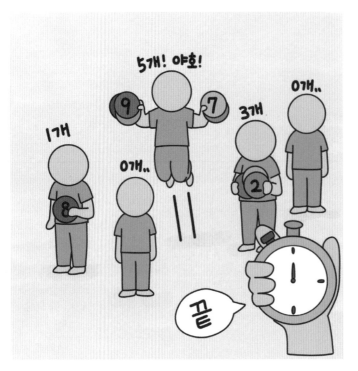

3 원마커를 모두 잃은 사람은 경기장 앞에서 팔벌려 높이 뛰기 10회를 한 뒤 새 원마커를 받아 다시 참가할 수 있다.

은철쌤 깨알 꿀팁

원마커를 획득한 사람은 다른 사람과 손씨름을 이어 간다. 패배하면 자신이 최근에 획득한 원마커를 이긴 사람에게 준다.

4 이를 반복하여 제한 시간까지 원마커를 가장 많이 모은 사람이 승리한다.

은철쌤 깨알 꿀팁

교실 상황에 따라 '연속되는 숫자원마커 3개를 모은 사람', '원마커숫자 합계가 높은 사람' 등으로 변형하여 게임을 운영할 수 있다.

한 발로 꼬리잡기

• 활동 장소 : 강당/운동장　　• 활동 인원 : 전체　　• 준비물 : 꼬리, 쪽지

이 활동은 제한 시간 동안 한 발로 꼬리잡기를 하면서 꼬리를 가장 많이 모으는 사람이 승리하는 놀이입니다.

1 꼬리를 2개 달고 꼬리잡기
를 시작한다.

은철쌤 깨알 꿀팁

꼬리잡기용으로 나온 놀이 도구나 팀조
끼를 학생들 옷에 끼워 넣어 꼬리잡기
교구로 사용할 수 있다.

2 한 발로 콩콩 뛰며 다른 친
구의 꼬리를 뺏어 온다.

은철쌤 깨알 꿀팁

뛰어다니는 다리는 번갈아 사용할 수
있다. 단 달리듯이 뛰면 안 된다. 만약
걷거나 달리는 듯한 모습을 보이면 교사
가 불러 교사 앞에서 벌칙을 수행하게
하고 놀이에 다시 참여시킨다.

3 꼬리를 다 빼앗긴 학생은 두 발로 걸어 다니며 바닥에 떨어져 있는 쪽지를 주워 교사에게 보여 주고 쪽지에 나온 꼬리를 받는다.

은철쌤 깨알 꿀팁

쪽지의 내용은 다음과 같다.
- 꽝
- 꼬리 1개
- 꼬리 2개
- 짧은 꼬리
- 긴 꼬리

2 정해진 시간 동안 꼬리를 가장 많이 빼앗은 사람이 승리한다.

은철쌤 깨알 꿀팁

시간을 정해 놓고 놀이를 시작할 수 있고, 더 이상 추가할 꼬리가 없을 때를 종료 시점으로 정해도 된다.

걷기 · 달리기

나홀로 강강술래

- 활동 장소 : 교실/강당/운동장 ・ 활동 인원 : 전체 ・ 준비물 : 노래

이 활동은 제시된 숫자나 미션을 만족하는 사람끼리 모여 강강술래를
돌고 낙오자는 혼자 제자리에서 빙글빙글 도는 놀이입니다.

1 반 전체가 손을 잡고 둥글게 모여 강강술래를 부르며 돈다.

은철쌤 깨알 꿀팁

놀이를 시작할 때 남자끼리 여자끼리 뭉쳐 서려고 하나, 활동하면서 자연스럽게 섞이기 때문에 굳이 골고루 섞어 진행할 필요는 없다.

2 선생님이 숫자를 외치면 해당하는 인원만큼 모여서 강강술래를 돈다.

은철쌤 깨알 꿀팁

숫자를 외친 후 학생들이 모일 수 있도록 조금 기다린다. 탈락하는 놀이가 아니므로 먼저 모인 팀은 우선 강강술래를 부르며 돌 수 있도록 지도한다.

3 숫자에 포함되지 못한 학생은 혼자 제자리에서 빙글빙글 돈다.

은철쌤 깨알 꿀팁

숫자에 해당하는 팀이 만들어지고, 남은 학생들은 탈락하지 않고 강강술래 노래를 부르며 혼자서 제자리를 빙글빙글 돈다. 이후 다음 숫자나 미션에 합류한다.

안경 쓴 사람

4 미션을 추가하며 놀이를 반복한다.

은철쌤 깨알 꿀팁

추가할 수 있는 미션 예시 : 성별로 모여라, 안경 쓴 사람, 몸무게 20kg 이상/이하 등.

앞으로 술래잡기

• 활동 장소 : 강당/운동장   • 활동 인원 : 두 팀 경쟁   • 준비물 : 바닥테이프 또는 라인기

이 활동은 바닥에 그어진 줄을 따라 앞으로만 걸으며 하는 술래잡기 놀이입니다.

앞으로 술래잡기 활동 방법

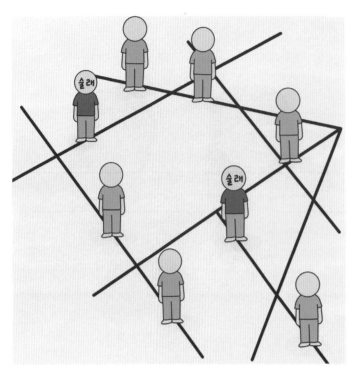

1 바닥에 무작위로 선을 그리고 술래를 2명 뽑는다.

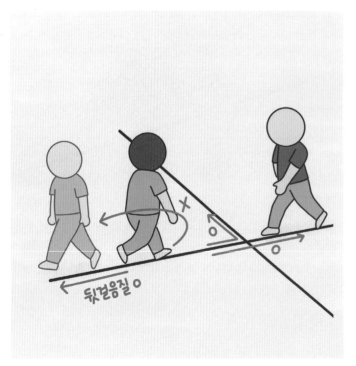

뒷걸음질 ○

2 바닥선을 따라 걸으며 술래잡기를 한다. 단 뒤로 돌아 이동할 수 없다.

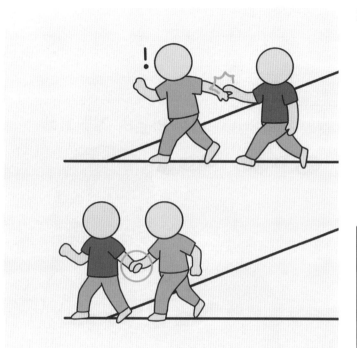

3 술래에게 잡힌 학생은 술래팀이 되어 술래 뒤에서 술래와 손을 잡고 이동한다.

은철쌤 깨알 꿀팁

잡힌 학생은 새로운 술래가 되어 술래팀이 된다. 술래(처음 술래였던 학생)는 왼손을 뒤로, 잡힌 사람(새로 술래가 된 학생)은 오른손을 앞으로 내밀어 손을 잡고 연결한다.

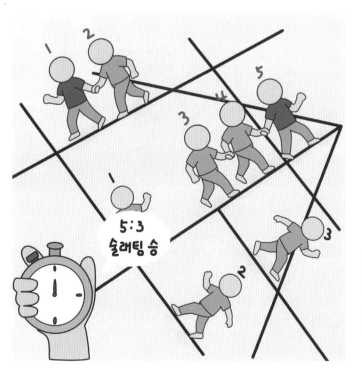

4 제한 시간 내에 술래 수가 더 많으면 술래팀 승리, 반대의 경우 나머지 학생들이 승리.

은철쌤 깨알 꿀팁

술래 수가 반의 과반수를 넘으면 술래팀이 승리하게 된다. 각 술래팀끼리 협동하여 도망자들을 구석으로 몰아야 이길 확률이 올라갈 수 있음을 지도한다.

묵찌빠 그대로 멈춰라

- 활동 장소 : 교실/강당　　　• 활동 인원 : 전체　　　• 준비물 : 노래

이 활동은 노래를 들으며 걸어 다니다가 "그대로 멈춰라" 신호에 교사와
묵찌빠 동작으로 대결하며 오래 살아남는 놀이입니다.

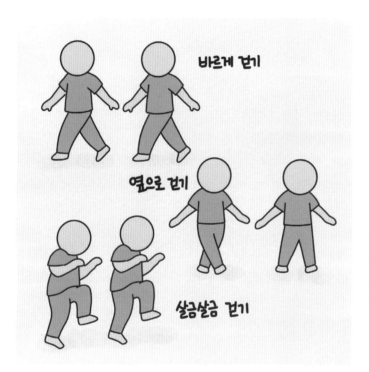

바르게 걷기

옆으로 걷기

살금살금 걷기

1 놀이 시작 전 다양하게 걷는 방법을 연습한다.

은철쌤 깨알 꿀팁

놀이를 본격적으로 시작하기 전에 학생들과 다양한 세기/빠르기/자세/박자로 걸어 본다. 또한 교사가 안내하는 걷기 방법 외에 학생들 각자가 자신만의 방법으로도 걸을 수 있다.

2 노래가 흘러나오면 어울리는 동작으로 자유롭게 걸어 다닌다.

은철쌤 깨알 꿀팁

학생들이 좋아하는 동요, 가요 등 다양한 음악을 틀어 준다. 스피커가 없으면 리듬 스틱을 활용하여 학생들이 박자에 맞춰 걷게 할 수 있다.

3 자유롭게 걷다가 교사가 "그 대로 멈춰라"라고 말하면 다 같이 자유롭게 묵찌빠 동작 중 하나를 취한다.

은철쌤 깨알 꿀팁

음악이 멈췄을 때 선생님과 동작이 같은 학생은 아웃된다. 또한 학생들이 놀이에 적응했다면 선생님에게 진 사람, 이긴 사람, 비긴 사람 아웃으로 적절하게 제 시하며 놀이를 변형할 수 있다.

4 교사와 동작이 같은 사람은 아웃이다.

은철쌤 깨알 꿀팁

아웃된 학생은 놀이 공간 밖에서 게임에 참여할 수 있고 또는 음악을 직접 정하 거나 멈출 수 있다. 그리고 놀이 방법에 따라 교사도 아웃될 수 있다.

숫자 진놀이

탈출!

· 활동 장소 : 강당/운동장　· 활동 인원 : 두 팀 경쟁　· 준비물 : 팀조끼, 원마커, 숫자카드

이 활동은 제한 시간 안에 자신의 팀원이 더 많이 살아남을 수 있도록
전략적으로 잡아야 하는 팀 경쟁 놀이입니다.

1 두 팀으로 나누고, 각 팀에서 진을 지킬 지킴이를 1명씩 뽑는다. 지킴이를 제외한 학생들은 1~5까지 쓰인 숫자카드 중 1개를 뽑는다.

은철쌤 깨알 꿀팁

진은 원마커를 이용하여 원 모양으로 구성한다. 진을 지키는 지킴이는 진 주변에만 있을 수 있다는 것을 사전에 안내하고 지킴이를 선발한다. 지킴이가 아닌 친구들은 숫자카드를 하나씩 뽑아 놀이 활동 중에 들고 다녀야 한다는 것을 안내한다. 숫자카드는 모두 뒤집고 랜덤으로 뽑는다. 수학 교과와 연계하여 카드 내용으로 숫자가 아닌 덧셈식이나 뺄셈식을 넣을 수도 있다.

2 지킴이를 제외한 친구들은 돌아다니며 상대 팀 친구들을 잡는다. 상대 팀 친구를 터치하면 서로가 가진 카드를 꺼낸다.

은철쌤 깨알 꿀팁

상대 팀 친구를 잡을 때 너무 세게 터치하지 않도록 미리 안내한다. 또한 상대 팀 친구를 잡을 때는 누가 먼저 잡는지는 중요하지 않다. 일단 한 친구가 잡으면 무조건 숫자카드를 꺼내 서로에게 보여 주어야 한다. 또한 3명의 친구가 서로 터치한 상황이라면 먼저 터치한 2명의 친구만 대결한다.

3 숫자카드를 비교하고 숫자
가 큰 친구가 숫자가 작은
친구를 데리고 자기 팀 진
에 간다.

우리 진으로 가자

은철쌤 깨알 꿀팁

숫자가 동일하면 무승부라서 서로를 잡
지 못하고 다른 친구들을 쫓아야 한다.
또한 자신이 대결한 친구가 어떤 카드를
가졌는지 말하고 다닐 수 없다. 대결하지
않은 친구의 카드를 같은 팀이라고 해서
알려 줄 수 없다는 점을 강조하여 안내
한다.

4 상대 팀의 진 안에 갇힌 같
은 팀원을 구하기 위해서는
상대 팀 지킴이와 가위바위
보를 해 자신이 가진 숫자
횟수만큼 이겨야 한다.

내가 꺼내줄게

은철쌤 깨알 꿀팁

숫자카드 3을 가진 친구라면 지킴이와
가위바위보를 해서 3번 연속 이겨야 한
다. 자신이 가진 숫자만큼 연속해서 이긴
다면 상대 팀 진 안에 갇힌 팀원들이 모
두 풀려난다. 지킴이에게 진다면 다른 친
구들을 쫓다가 다시 와야 한다. 연속으로
도전할 수는 없다. 우리 팀 친구가 이미
상대 팀 지킴이와 가위바위보를 하고 있
다면 뒤에 가서 줄을 설 수 없다.

5 제한 시간에 진 밖에 있는
친구들이 더 많은 팀이 승
리한다.

은철쌤 깨알 꿀팁

더 이상 상대 팀의 진으로 구하러 갈 사
람이 없으면 상대 팀이 승리한다.

주사위 진놀이

• 활동 장소 : 강당/운동장 • 활동 인원 : 두 팀 경쟁 • 준비물 : 팀조끼, 주사위

이 활동은 주사위를 던져 술래와 도망자 역할을 정하고 제한 시간 동안
진에 더 많은 포로를 데리고 오는 팀이 승리하는 놀이입니다.

1 2개 모서리에 각 팀의 진을 두고, 팀원 모두가 진 안으로 들어가면 경기가 시작된다.

은철쌤 깨알 꿀팁

각 팀에 성비가 골고루 나뉘면 좋다. 각 팀에 인원을 6명씩 두며(12명 기준) 두 팀 씩 경쟁하는 형식이다. 학급이 24명이라 면 경기장을 2개 그려 진행하면 된다.

2 경기가 시작되면 동시에 주 사위를 굴린다. 그리고 주 사위 숫자만큼의 학생들이 진 밖으로 나온다.

은철쌤 깨알 꿀팁

팀원들을 구분하기 위해 한 팀에게만 조 끼를 입힌다. 술래에게 잡혀 팀이 바뀌 면 조끼를 입거나 벗어서 표시하는 것 이 좋다. 자기 진영에 남은 팀원 수보다 주사위의 숫자가 크게 나오면 남은 팀원 모두가 진 밖으로 나온다.

3 주사위 수가 작은 팀이 술래, 큰 팀이 도망자가 되어 진 밖에서 30초간 술래잡기를 한다. 술래에게 잡히면 포로가 되어 술래 진으로 넘어가 술래팀이 된다.

은철쌤 깨알 꿀팁

술래잡기 시간은 30초로 정하며, 그 후 아무 행동도 할 수 없다. 30초 안에 도망자를 잡았다면 술래팀 진영으로 포로를 끌고 갈 수 있다. 또한 도망자들이 잡힌 포로를 술래팀 몰래 터치하여 구출할 수 있다. (구출된 도망자를 다시 쫓아가 포로로 만들 수 있다.)

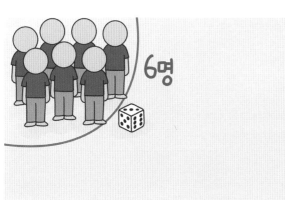

4 라운드를 반복하여 상대 팀 진에 아무도 남지 않으면 승리한다.

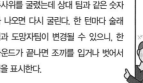

은철쌤 깨알 꿀팁

주사위를 굴렸는데 상대 팀과 같은 숫자가 나오면 다시 굴린다. 한 턴마다 술래팀과 도망자팀이 변경될 수 있으니, 한 라운드가 끝나면 조끼를 입거나 벗어서 팀을 표시한다.

높이뛰기 · 멀리뛰기

놀이 1

헨젤과 그레텔

헨젤과 그레텔

• 활동 장소 : 강당/운동장   • 활동 인원 : 두 팀 경쟁   • 준비물 : 팀조끼, 원마커

이 활동은 3인 1조의 두 팀이 원마커를 놓고 모둠발 뛰기를 하고, 원마커를
회수하며 빠르게 반환점을 돌아오는 놀이입니다.

1 3인 1조 두 팀으로 나누고 반환점을 설치한다.

은철쌤 깨알 꿀팁

1번 학생은 원마커를 여러 개 들고 다니며 바닥에 놓는 역할, 2번 학생은 원마커 위로 모둠발 뛰기를 하는 역할, 3번 학생은 원마커를 회수하는 역할을 한다.

2 맨 앞 학생이 원마커를 바닥에 두면 가운데 학생이 원마커 위로 모둠발 뛰기를 한다.

은철쌤 깨알 꿀팁

원마커를 놓는 거리는 자유롭게 한다. 멀리 놓아서 적은 횟수로 가는 방법과, 가까이 놓아서 짧게 여러 번 가는 방법이 있다.

3 모둠발 뛰기에 성공하면 다음 원마커를 놓고 이어서 뛴다. 마지막 학생은 원마커를 주우며 따라온다.

은철쌤 깨알 꿀팁

원마커에 착지하지 못하면 전 단계로 돌아가 다시 뛰도록 한다.

4 반환점을 돌아 먼저 들어오는 팀이 승리한다.

이겼다!

은철쌤 깨알 꿀팁

24명 기준 12 : 12로 나누면 3인 1조 네 팀이 생겨 릴레이로 경쟁할 수 있다.

3부

물건

통합교과서의 '물건' 단원은 물건이라는 매개체를 중심으로 현재의 조건을 탐색하고 개선하며 실천하는 과정을 경험하는 데 초점을 맞추어 개발되었습니다. 즉 '물건' 단원은 우리 주변의 다양한 사물들을 이해하고, 이를 통해 창의적이고 실용적인 사고를 기르는 주제입니다. 교과서에서는 여러 교구를 활용하여 다양한 신체활동을 제시하고 있으며 이는 학생들이 경험을 바탕으로 상상하고 즐겁게 살아가는 기회를 제공하는 역할을 합니다. 따라서 이 책에서는 '물건'을 주제로 다양한 도구를 창의적 시각으로 보고 다채롭게 활용하여 새로운 놀잇감을 만들어 이를 바탕으로 재미있는 놀이를 경험할 수 있는 기회를 제공합니다. 예를 들어, 학교에서 쉽게 구할 수 있는 전지에 구멍을 뚫어 공을 넣는 '구멍으로 스르륵' 놀이나 원마커를 돌처럼 활용하여 징검다리를 만들고 다양한 모습으로 건너가는 '퐁당퐁당 징검다리 달리기' 놀이 등을 통해 학생들이 물건의 특성과 활용법을 자연스럽게 익히고 창의적으로 활용할 수 있는 능력을 기르고자 합니다.

기본 움직임 요소	교실 놀이	강당이나 운동장 놀이
몸풀기	내 다리는 고무줄 다리	시장에 가면 이어달리기
도구 활용		훌라후프 이어달리기 훌라후프 마스터
밀기 당기기 균형잡기	구멍으로 스르륵	침묵의 빵 옮기기
걷기 달리기	퐁당퐁당 징검다리 달리기	협동 이어달리기
	훌라후프에서 살아남기	달팽이, 색판을 뒤집어라
던지기 차기 치기		무궁화꽃이 피구 점보스택스 피구
	공잡이 대장 공놀이	4대장 공놀이

몸풀기

내 다리는 고무줄 다리

- 활동 장소 : 교실/강당/운동장
- 준비물 : 콘, 색깔테이프
- 활동 인원 : 팀 경쟁

이 활동은 팀별로 다리 뻗기를 통해 먼저 결승점에 도달하는 팀이 이기는 몸풀기 놀이입니다.

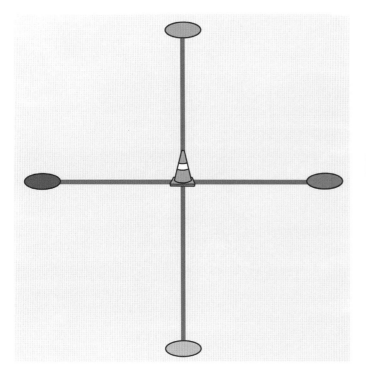

1 색깔테이프 등으로 + 모양의 경기장을 만들고 출발점 4개, 도착점 1개를 안내한다. (콘으로 표시할 수 있다.)

은철쌤 깨알 꿀팁

색깔테이프로 교실 또는 강당 바닥에 + 모양의 경기장을 표시하면 좋다. 색깔테이프가 없는 경우에는 운동장에 라인기를 이용해 경기장을 그리거나 콘 등으로 표시할 수 있다.
출발점과 결승점은 콘으로 표시할 수 있고, 콘 없이 학생들과의 약속으로 정해도 충분히 게임을 할 수 있다.
각 출발점과 도착점 사이의 거리가 같아야 한다.

2 학생들은 네 팀으로 나뉘어 게임에 참여한다. 출발 순서를 정하고 각 팀의 출발점 앞에 순서에 맞게 선다.

은철쌤 깨알 꿀팁

각 팀의 출발점이 다르기 때문에 팀마다 출발점 위치를 정해 줄을 설 수 있도록 한다.
줄을 설 때는 팀에서 게임에 참여할 순서에 맞게 서도록 한다.

3 호루라기가 울릴 때마다 주자가 한 발은 고정한 상태로 한 발을 길게 뻗어 이동한다. 고정했던 발은 다른 발을 뻗은 위치로 이동한다.

은철쌤 깨알 꿀팁

교사는 호루라기를 울려 시작을 알리고, 학생들이 다리를 뻗어 걸음을 옮기는 상황을 파악하며 적절한 때에 다음 호루라기 신호를 준다.

한쪽 발을 고정한 상태에서 최대한 다리를 뻗는 몸풀기 활동이므로, 점프하거나 한쪽 발이 밀리지 않도록 주의를 준다.

최대한 다리를 뻗었으면 해당 위치에서 고정했던 발만 뻗은 발이 있는 쪽으로 가져오게 한다.

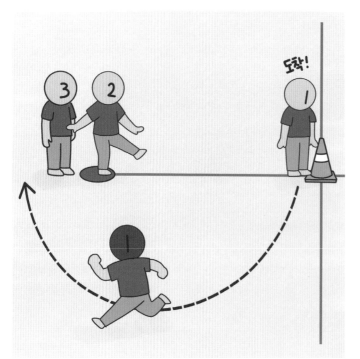

4 주자가 가운데에 도착하면 자기 팀 맨 뒤로 이동하고 다음 주자가 출발한다. 마지막 주자가 결승점에 가장 먼저 도착한 팀이 승리한다.

은철쌤 깨알 꿀팁

각 주자의 유연성에 따라 도착점에 도달하는 속도가 달라진다. 앞선 주자가 도착점에 도달하면 다음 주자는 호루라기 신호에 맞춰 출발점에서 출발한다.

시장에 가면 이어달리기

- 활동 장소 : 교실/강당/운동장
- 준비물 : 시장 물건 목록, 콘

- 활동 인원 : 팀 경쟁

이 활동은 '시장에 가면' 놀이와 '이어달리기' 활동을 결합한 놀이입니다.

1 팀을 나누고 팀마다 시장 물건 목록을 나누어 준다.

은철쌤 깨알 꿀팁

팀별 인원이 4~5명이 되도록 한다.
시장 물건 목록에는 고등어, 배추, 당근 등 시장에서 볼 수 있는 물건을 다양하게 포함한다.
게임 시간은 2~4분으로 교실 상황에 맞게 정한다.

2 팀별로 1명은 도착선에 서고, 나머지는 출발선에 한 줄로 선다.

은철쌤 깨알 꿀팁

출발선과 도착선을 콘으로 표시한다.
도착선에 있는 팀별 1명의 학생이 시장 물건 목록과 연필을 가지고 있다.
출발선에 서 있는 학생들은 이어달리기에 참여하는 학생들로 달릴 순서를 팀 내에서 정하도록 한다.

3 신호가 울리면 첫 번째 주자가 도착선에 있는 자기 팀 학생에게 달려가 시장 물건 목록에 있을 만한 것을 추측하여 1개 말하고 출발선으로 돌아간다.

은철쌤 깨알 꿀팁

도착선에 있는 학생은 자기 팀 주자가 말한 물건이 목록에 있으면 동그라미를 쳐서 표시한다. 학생들이 추측으로 목록에 있는 물건을 맞히는 게임이므로 목록에는 학생들이 생각해 낼 수 있는 시장 물건을 다양하게 담도록 한다. 주자가 말한 물건이 목록에 없으면 도착선의 학생은 "없습니다!"라고 말하고 주자는 출발선으로 돌아간다.

4 다음 주자와 손뼉을 치면 배턴 터치가 되고, 다음 주자 역시 도착선으로 달려가 자기 팀 학생에게 목록에 있을 만한 물건을 추측해 말하는 것을 반복한다.

은철쌤 깨알 꿀팁

다음 주자와 손뼉을 쳐 교대한 이전 주자는 출발선에 있는 자기 팀 줄 맨 뒤로 가서 차례를 기다린다. 제한 시간 동안 더 많은 목록을 맞힌 팀이 승리한다.

125

도구 활용

훌라후프 이어달리기

• 활동 장소 : 강당/운동장   • 활동 인원 : 팀 경쟁   • 준비물 : 훌라후프, 주사위, 삼각콘

이 활동은 팀별로 정해진 지점에서 훌라후프를 허리로 돌리고 돌아오는
미션 이어달리기 활동입니다.

1 팀(모둠)별로 첫 번째 주자가 출발 지점의 훌라후프 안에 서서 주사위를 던진다.

> **은철쌤 깨알 꿀팁**
>
> 주사위는 크고 푹신하면 좋다.
> 삼각콘(고깔)을 6개 놓고 각기 번호를 붙여 준다. 출발선과 가장 먼 삼각콘이 1번, 가장 가까운 삼각콘이 6번이다.

2 훌라후프를 들고 주사위 숫자와 같은 번호의 삼각콘까지 달려간다. 삼각콘 옆에 서서 주사위 숫자만큼 허리로 훌라후프를 돌린다.

1.2.3.4!

> **은철쌤 깨알 꿀팁**
>
> 멀리 간 친구는 적게 돌리고, 가까운 친구는 많이 돌릴 수 있게 삼각콘의 숫자와 돌리는 횟수를 주사위 숫자와 일치시킨다.
> 훌라후프를 돌리다가 개수를 채우지 못하고 떨어트리면 다시 처음부터 돌린다.
> 학생들의 훌라후프 숙련도가 낮으면 이어서 세는 것으로 인정한다.

3 성공한 주자는 출발 지점으로 돌아와 홀라후프를 내려놓고, 다음 주자가 홀라후프 안으로 들어가 주사위를 던진다.

은철쌤 깨알 꿀팁

배턴 터치 대신 홀라후프를 사용하므로, 다음 주자가 미리 주사위를 던지지 않고 반드시 홀라후프 안으로 들어간 다음에 던지도록 한다.

안전한 놀이 진행을 위해, 반드시 현재 주자가 출발 지점에 홀라후프를 내려놓고 나간 다음에 다음 주자가 들어가도록 지도한다.

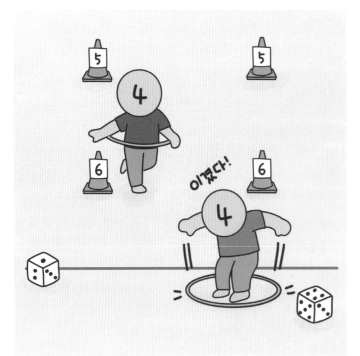

4 마지막 주자가 출발 지점에 홀라후프를 먼저 내려놓는 팀(모둠)이 승리한다.

은철쌤 깨알 꿀팁

학생들이 홀라후프를 능숙하게 돌린다면, 홀라후프를 돌리며 걸어서 삼각콘을 다녀오는 방식으로 놀이를 업그레이드할 수 있다.

훌라후프 마스터

돌리기

· 활동 장소 : 강당/운동장   · 활동 인원 : 두 팀 경쟁
· 준비물 : 훌라후프, 원마커, 삼각콘

이 활동은 팀별로 정해진 지점에서 훌라후프로 다양한 미션을 수행하고
돌아오는 이어달리기 놀이입니다.

홀라후프 마스터 활동 방법

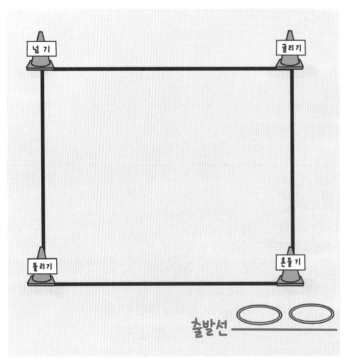

출발선

1 직사각형으로 경기장을 구성하고 모서리에 삼각콘을 두어 각 지점을 표시한다. 시작점에는 홀라후프 2개를 놓는다.

2 전체 학생을 두 팀으로 나누고, 각 팀은 출발선에 한 줄로 서서 대기한다.

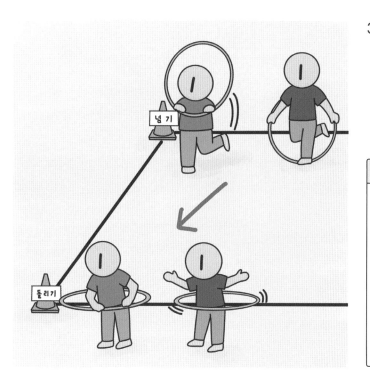

3 각 지점에 도달한 주자들은 삼각콘에 적힌 홀라후프 동작(흔들기/굴리기/넘기/돌리기)을 정해진 개수만큼 수행한다.

은철쌤 깨알 꿀팁

돌리기 미션을 수행할 때 홀라후프를 돌리다가 개수를 채우지 못하고 떨어트리면 다시 처음부터 돌린다. 초반에 놀이를 연습하는 과정에서는 떨어트리기 전까지의 개수를 인정해 주고 점진적으로 놀이를 해 나갈 수도 있다.

삼각콘에 적을 문구 예시 : 앞뒤로 5번 흔들기, 홀라후프로 10번 넘기, 허리로 홀라후프 7회 돌리기, 팔로 홀라후프 5번 돌리기 등.

4 각 주자는 출발 지점으로 돌아와 다음 주자에게 홀라후프를 넘겨준 후 자리에 앉는다. 모든 주자가 결승점에 들어와 더 빠르게 앉는 팀이 승리한다.

은철쌤 깨알 꿀팁

출발선과 대기선의 원마커를 따로 두어 주자끼리 충돌하지 않도록 한다.

학생 수준에 따라, 삼각콘에 적힌 홀라후프 동작을 하며 삼각콘 사이를 이동하는 방식으로 놀이를 업그레이드할 수 있다.

밀기·당기기·균형잡기

구멍으로 스르륵

주황 넣으세요

• 활동 장소 : 교실/강당   • 활동 인원 : 모둠   • 준비물 : 대형 비닐(전지), 색깔공

이 활동은 구멍을 뚫은 대형 비닐 위에 여러 개의 색깔공을 올려 둔 후 정해진 순서대로 구멍에 넣는 놀이입니다.

1 대형 비닐에 공이 들어갈 만한 크기로 구멍을 뚫는다. (공 크기 ≤ 구멍 크기)

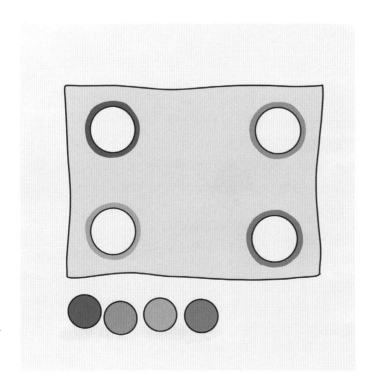

은철쌤 깨알 꿀팁

대형 비닐 대신 전지도 가능하다. 중앙에 공을 모아 시작해야 하니, 중앙이 아닌 외곽에 구멍을 뚫어야 한다.
구멍의 개수를 바꾸어 가며 난이도를 조절할 수 있다. 또한 구멍 테두리에 색을 칠해 명확히 구분하면 활동이 원활해진다.

2 비닐의 꼭짓점 부분을 잡고 팽팽하게 잡아당긴 후 중앙에 색깔공 4개를 올린다.

은철쌤 깨알 꿀팁

4명이면 비닐의 꼭짓점 부분을 잡고, 4명이 아니라면 한 꼭짓점을 함께 잡거나 둥글게 모여 잡으면 된다.
전지나 비닐이 찢어지지 않게 적당한 세기로 잡아당기도록 미리 안내하면 좋다.

3 정해진 순서대로 구멍에 공을 넣으면 성공! 다른 공이 먼저 들어가거나 비닐 밖으로 나가면 처음부터 다시 시작한다.

빨강 주황 초록 노랑

저쪽으로 기울이자

빨강 성공

은철쌤 깨알 꿀팁

"빨간색 공을 빨간색 구멍에 넣으세요!" 또는 "빨강, 주황, 노랑, 초록 순서로 같은 색깔 구멍에 넣어 주세요!" 등 교사가 명확한 신호를 주면 학생들이 잘 따라올 수 있다. 공은 플로어볼 같은 가벼운 플라스틱 공이 좋다.

학생들이 어려워할 경우, 2인 기능 연습 후 팀 활동으로 확장해 나가는 방법이 있다.

138

침묵의 빵 옮기기

• 활동 장소 : 강당/운동장 　　• 활동 인원 : 모둠 　　• 준비물 : 밴드, 풍선, 바구니

이 활동은 밴드를 우물 정(井) 모양으로 만든 후, 모둠원과 함께 물건을 옮기는 놀이입니다.

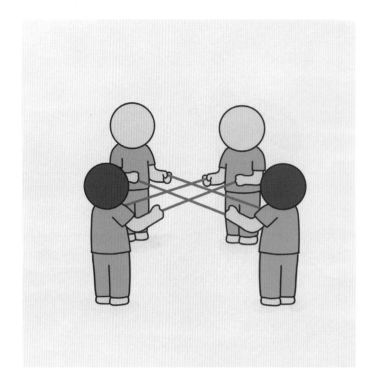

1 4명이 서로 마주보고 고무밴드 4개를 잡아당겨 우물 정(井) 모양을 만든다.

은철쌤 깨알 꿀팁

너비가 좁은 찰고무줄의 경우 무거운 공을 올리면 쉽게 떨어지므로 티니클링밴드가 더 안정적이다.

마주 보는 2명이 고무줄 2개를 팽팽하게 잡아당겨 고무줄을 아래부터 가로, 세로 번갈아가며 겹쳐 쌓으면 더 튼튼하다.

2 가운데 생긴 네모 모양 위에 풍선, 테니스공 등 물건을 올린다.

은철쌤 깨알 꿀팁

물건의 무게, 크기, 종류를 다르게 하여 난이도를 조절할 수 있다.
(추천 물건 : 풍선, 테니스공, 피구공, 플로어볼 등.)

물건 종류에 따라 고무밴드가 견딜 수 있는 무게를 교사가 사전 확인할 필요가 있다.

'침묵의 빵 옮기기'이기에, 물건을 옮길 때 이야기하지 않도록 설정할 수 있다.

3 출발점에서 거리가 있는 곳
에 바구니를 두고 물건을
옮긴다.

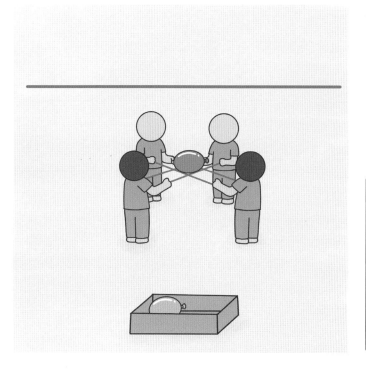

은철쌤 깨알 꿀팁

변형 놀이 방법 두 가지는 다음과 같다.
- 한 바구니에 최대한 많은 물건 옮기기.
- 점보스택스를 여러 개 놓고 멀리 있는
점보스택스일수록 더 높은 점수를 준다.
(거리별 차등 점수 부여, 목표 점보스택
스는 학생이 자율 선택.)
단, 옮기다가 물건을 떨어뜨리면 출발점
으로 돌아온다.

4 제한 시간 동안 상자에 더
많은 물건을 옮긴 모둠이
승리!

은철쌤 깨알 꿀팁

변형 놀이 방법에 따른 승리 조건은 다
음과 같다.
- 더 많은 물건을 옮긴 모둠.
- 거리별 물건 합산 점수가 높은 모둠.
점보스택스 대신 단순하게 지그재그/직
선 길을 왕복하는 방법도 있다.

걷기 · 달리기

풍당풍당 징검다리 달리기

- **활동 장소 : 교실/강당**   - **활동 인원 : 두 팀 경쟁**   - **준비물 : 원마커, 콘**

이 활동은 온몸을 사용해 원마커를 터치하며 미션을 수행하는 이어

달리기 놀이입니다.

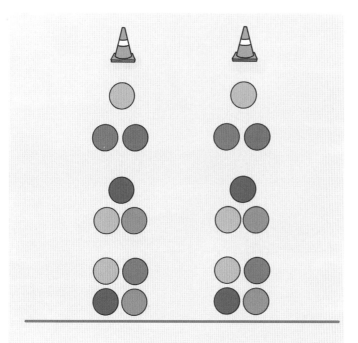

1 팀을 나눈 다음 원마커를 4-3-2-1 형태로 2세트 배열하고, 원마커의 끝에 반환점을 둔다.

은철쌤 깨알 꿀팁

원마커를 짚고 징검다리를 건너가는 놀이이기 때문에, 원마커의 형태는 가지고 있는 원마커의 수에 따라 다르게 배열할 수 있다. 반환점 대신 양쪽 지점에 출발선을 긋고 주자가 양쪽에서 대기하다가 오가는 형태로 구성해도 좋다.

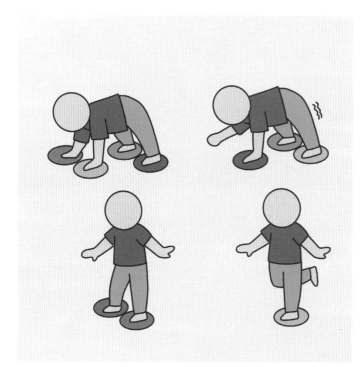

2 팔다리를 모두 사용하여 원마커를 4개, 3개, 2개, 1개를 동시에 짚으며 징검다리를 건너간다.

은철쌤 깨알 꿀팁

원마커를 짚는 방식은 개인별로 다양하게 할 수 있으며, 최대 개수는 4개(양팔, 양발)를 기본으로 하지만, 상황에 따라 개수를 줄이거나 팔꿈치, 무릎, 머리 등을 추가해서 배치할 수 있다. 각 단계별로 거리를 두어서 학생들이 짚어야 하는 원마커를 정확히 파악할 수 있도록 한다.

3 원마커가 끝나면 달리기를 하여 고깔 반환점을 돌아 출발선으로 돌아온다.

은철쌤 깨알 꿀팁

학생들의 수준과 수업 시간, 원마커 여유분(여유가 된다면 두 팀이 아니라 팀을 더 나눠서도 가능) 등을 고려하여, 돌아올 때도 마찬가지로 원마커를 짚으며 오도록 할 수 있다. 반환점을 돌 때는 상대 팀 주자와 부딪히지 않도록 주의한다.

4 주자 간 하이파이브를 하여 출발하고, 모든 모둠원이 먼저 들어온 모둠이 승리한다.

은철쌤 깨알 꿀팁

단순히 빨리 달리는 것이 중요한 것이 아니라 정확히 원마커를 짚으며 이동해야 함을 수업 전에 지도한다. 모둠원 수가 다른 경우, 특정 1명이 한 번 더 뛸 수 있으나 달리기 실력을 고려하여 학생을 정해 주어야 한다.

협동 이어달리기

• 활동 장소 : 강당/운동장   • 활동 인원 : 두 팀 경쟁/전체 한 팀   • 준비물 : 킨볼, 고깔

이 활동은 두 팀으로 나뉘어 2명의 짝이 킨볼을 협동해서 굴리며 고깔
을 먼저 돌아오는 놀이입니다.

1 두 팀으로 나뉘어 앉고, 각 팀의 첫 주자가 고깔 뒤에서 킨볼을 굴리며 출발한다.

은철쌤 깨알 꿀팁

두 팀으로 나뉘어 고깔 반대편에 팀별로 한 줄로 앉는다. 각 팀의 첫 주자는 혼자 고깔 반대편에서 대기하다가 팀원들을 향해 킨볼을 굴리며 뛰어온다. 킨볼이 이어달리기의 배턴 역할을 하기 때문에, 킨볼에서 손이 떨어지지 않도록 해야 한다. 저학년 학생들이 킨볼에 가려 앞을 보기 어려워하는 경우, 바닥에 보조선을 그려서 그 선을 따라 킨볼을 굴리도록 보완할 수 있다.

2 팀원들이 있는 곳에 도착하면 2번 주자와 함께 킨볼을 협동해서 굴리며 다시 고깔을 향해 달린다.

은철쌤 깨알 꿀팁

다음 주자는 미리 일어서서 대기한다. 킨볼을 함께 협동해 굴리는 것이 중요하므로 1명이 혼자만 속도를 내 달릴 경우 출발점으로 돌아와서 재시작하도록 안내한다.

3 고깔 뒤로 돌아오면 1번 주자는 자리에 앉고 2번 주자 혼자 킨볼을 굴리며 다시 팀원들을 향해 달려간다.

은철쌤 깨알 꿀팁

1번 주자는 고깔 옆 원마커 위에 앉아서 활동에 지장을 주지 않도록 한다.
킨볼 대신 다른 도구(서로 어깨에 양손을 얹고 그 위에 소프트볼을 올리는 등)를 활용해 배턴 역할을 하도록 할 수 있다. 이때 반드시 협동해서 옮겨야 함을 강조한다.

4 2번 주자는 3번 주자와 함께 킨볼을 굴리며 다시 고깔을 향해 뛰고 도착하면 2번 주자는 1번 주자 뒤에 앉는다. 모든 주자가 들어올 때까지 반복한다.

이겼다!

은철쌤 깨알 꿀팁

팀원들이 모두 고깔 뒤로 들어오면 경기가 종료된다. 도착 기준이 아닌 모든 팀원이 자리에 질서 있게 앉아 있을 때를 경기 종료 시점으로 정해 규칙 준수의 중요성을 깨닫도록 한다.
두 팀 경쟁 방법 외에도 전체가 한 팀으로 경기하며 기록단축형 놀이로 변형할 수도 있다.

훌라후프에서 살아남기

· 활동 장소 : 교실/강당   · 활동 인원 : 전체   · 준비물 : 훌라후프, 호루라기

이 활동은 훌라후프를 이동하며 같은 곳에 2명 이상이 들어가면 가위바
위보를 해 아웃되는 놀이입니다.

1 훌라후프를 학급 인원수보다 많이 배치하고, 훌라후프 하나에 1명씩 들어간다. 호각 소리에 맞춰 신호에 따라 동, 서, 남, 북, 대각선 중 한 칸 이동한다.

은철쌤 깨알 꿀팁

훌라후프는 5×5, 5×6 등 바둑판 모양으로 학생 수보다 충분히 많은 수량으로 배치한다. 이동할 때는 한 걸음으로 한 번에 이동하고, 바르게 걷기 자세를 유지한다. 교사가 신호를 주기 전, 학생들이 다 같이 "하나, 둘, 셋" 등의 구호를 넣을 수 있다.

2 2명 이상이 한 칸에 들어가면 온몸 가위바위보를 하고, 진 학생은 그 자리에 앉는다. 누군가가 앉아 있는 훌라후프로는 이동할 수 없다.

은철쌤 깨알 꿀팁

이동할 때는 박자를 맞추어 동시에 이동하도록 하고, 늦게 이동하거나 이동하다가 방향을 바꾸거나 이동을 하지 않는 경우 아웃이 되며 이 경우에도 자리에 앉도록 한다.

3 점점 앉는 학생이 늘어나면 사방이 막혀 이동하지 못하는 학생이 생긴다. 이동하지 못한 학생도 자리에 앉는다.

은철쌤 깨알 꿀팁

놀이가 진행될수록 가위바위보에서 지거나 이동할 수 없어서 홀라후프에 앉는 학생이 많아진다. 들어갈 수 없는 홀라후프가 많아지면서 이동할 수 없는 경우가 더 많이 생긴다.

4 가장 오랫동안 살아남는 학생이 이긴다.

은철쌤 깨알 꿀팁

놀이를 한 번 더 할 때는 경기장을 줄여 긴장감을 줄 수도 있다. 홀라후프 수가 부족하면 학급을 반으로 나누고 원마커를 활용할 수 있다.

달팽이, 색판을 뒤집어라

• 활동 장소 : 강당   • 활동 인원 : 두 팀 경쟁   • 준비물 : 색판, 팀조끼, 태그플래그

이 활동은 두 팀으로 나뉘어 상대 팀 색판을 뒤집거나 상대 팀을 아웃시키는 놀이입니다.

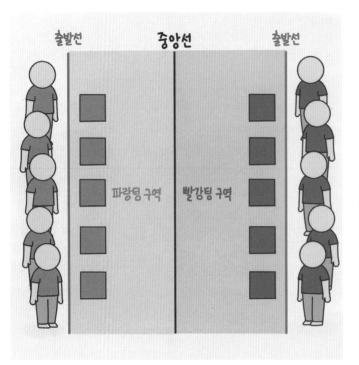

1 두 팀으로 나누고, 팀 인원 수만큼 색판을 일렬로 놓는다. 중앙선부터 각 팀의 판까지가 팀의 진영이다. 팀 내에서 수비수와 공격수를 나누되 공격수가 더 많도록 한다.

은철쌤 깨알 꿀팁

팀 인원수에 맞게 색판 개수를 조정한다. 중앙선부터 빨간 판까지가 빨강팀 진영, 중앙선에서 파란 판까지가 파랑팀 진영이다.

공격수와 수비수를 나눌 때는 공격수를 수비수보다 최소 1명 이상 많게 한다. 공격수가 많을수록 적극적인 플레이가 이루어진다.

2 공격수와 수비수는 모두 본인 팀 색판 뒤 출발선에서 출발한다. 공격수와 수비수 모두 이동 시에 '발 붙여 걷기'를 한다.

은철쌤 깨알 꿀팁

'발 붙여 걷기' 연습을 위해 발의 앞꿈치와 뒤꿈치를 붙여 걷지 않으면 아웃이 되도록 한다.

걷기와 뛰기 능력을 기르기 위해 공격수와 수비수 모두 걸어서 또는 뛰어서 이동하도록 규칙을 바꿀 수 있다.

154

3 수비수는 중앙선을 넘지 못하고, 중앙선 내 자기 팀 진영에 진입하는 공격수를 아웃시킨다. 공격수는 수비수를 피해 상대 색판까지 가서 판을 뒤집는다.

은철쌤 깨알 꿀팁

아웃된 공격수는 경기장 밖으로 이동하여 출발선으로 와서 다시 출발할 수 있다. 수비수는 공격수를 터치하여 아웃시킬 수 있다. 여건에 따라 태그플래그가 있다면 공격수가 태그플래그를 2개씩 부착한 뒤, 수비수가 태그플래그를 1개 떼면 공격을 이어 나가고, 2개 모두 떨어질 때 아웃이 되도록 할 수 있다. 이 경우 다시 출발하기 위해서는 출발선에서 태그플래그 2개를 새로 부착한다.

4 상대 팀의 색판을 먼저 모두 뒤집은 팀이 승리한다.

은철쌤 깨알 꿀팁

색판 뒤집기에 성공한 공격수도 경기장 밖으로 이동하여 다시 출발선으로 와서 한 번 더 출발할 수 있다. 색판은 한 번에 1개만 뒤집을 수 있다.
시간을 정해 두고 뒤집은 색판의 개수를 세는 방식으로 승패를 정할 수도 있다.

던지기·차기·치기

무궁화꽃이 피구

무궁화꽃이~

• 활동 장소 : 강당/운동장　　• 활동 인원 : 전체　　• 준비물 : 솜털공

이 활동은 '무궁화꽃이 피었습니다' 놀이에 더해 술래가 공을 던지고, 나머지 학생들은 공을 잡으며 전진하는 활동입니다.

1 술래 1명은 공을 갖고 뒤돌아선다. 나머지 학생들은 출발선 뒤에서 대기한다.

은철쌤 깨알 꿀팁

활동 전 솜털공으로 멀리 던지기, 표적 맞추기, 던지고 받기 등을 연습하면 필요한 기능을 수행하는 데 도움이 된다. 공은 1~3개로 적게 시작하여 점차 늘려 가며 난이도를 조절한다. 눕거나 엎드리면 공을 받을 수 없음을 사전에 지도한다. 솜털공은 술래의 다리 옆 바구니에 넣어서 보관한다.

2 "무궁화꽃이 피었습니다"를 외치는 동안 나머지 학생들은 술래를 향해 다가가며, 말이 끝나면 학생들은 모두 멈춘다.

은철쌤 깨알 꿀팁

일반적인 '무궁화꽃이 피었습니다'와 같이 진행하며, 술래가 돌아봤을 때 움직인 학생은 술래 옆에 와서 서야 한다. 술래와 손가락을 걸면 술래가 공을 던지기 어려우므로 서 있게만 한다. 술래에게 다가가다가 멈출 때 공을 받을 준비가 되어야 함을 지도한다.

3 정지 상태에서 술래는 학생들을 향해 공을 던진다. 공에 맞은 학생은 출발선으로 돌아가며, 공을 잡으면 그 자리를 유지한다.

은철쌤 깨알 꿀팁

공을 피하거나 잡을 때는 바닥에서 발이 떨어지지 않는 선에서 움직임을 허락해 준다. 안전을 위해 솜털공을 사용하는 것이 좋으며, 없어서 피구공을 사용한다면 얼굴을 향해 던지지 않도록 사전에 안전 지도를 해야 한다.

4 반복하여 술래에게 다가가서 등을 치고 출발선까지 도망친다. 이때 잡히거나 가장 마지막에 들어간 학생이 다음 술래가 된다.

은철쌤 깨알 꿀팁

활동이 금방 끝날 경우, 술래가 자신에게 가까이 있는 학생일수록 맞추기도 쉽고 그러면 놀이가 오래 진행될 수 있음을 알려 준다. 술래가 던진 공은 공에서 가장 가까운 학생이 다시 술래 쪽으로 던져 주도록 한다. 술래를 칠 때는 반드시 등이나 어깨 쪽을 살살 치도록 지도한다.

점보스택스 피구

• 활동 장소 : 강당/운동장 • 활동 인원 : 두 팀 경쟁 • 준비물 : 피구공, 점보스택스

이 활동은 점보스택스로 공을 잡으면 우리 팀이 다시 살아나는 피구형
놀이입니다.

점보스택스 피구 활동 방법

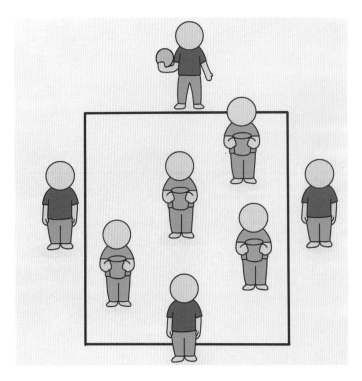

1 □ 모양의 경기장에 수비팀이 점보스택스를 하나씩 갖고 들어가고, 공격팀은 선 밖에서 대기한다.

> **은철쌤 깨알 꿀팁**
>
> 활동 전 점보스택스를 들고 걷는 연습, 점보스택스로 공을 받는 연습이 반드시 필요하다. 저학년 학생의 경우 점보스택스가 체구에 비해 크므로 들고 뛰면 위험할 수 있다. 따라서 경기 중 달리지 않도록 제한하거나, 경기장 크기를 줄여 학생들이 더 안전하게 활동할 수 있도록 한다.

받거나

아웃!

맞거나

쳐내거나

2 공격팀은 피구공을 던져서 수비팀을 맞추며, 수비팀은 이를 피하거나 점보스택스에 넣거나 점보스택스로 쳐 낼 수 있다.

> **은철쌤 깨알 꿀팁**
>
> 점보스택스에 끼지 않고 편하게 받을 수 있는 크기로 피구공 1~2호가 알맞다. 점보스택스를 이용해 쳐 내는 경우 손에 맞거나 공이 튕겨서 몸에 맞으면 아웃이다. 땅볼이나 바운드된 공은 인정하지 않으며, 공이 공중으로 튕겨 땅에 닿기 전에 점보스택스에 들어가면 잡은 것으로 인정한다. 점보스택스에 들어간 공 외에는 공격팀에 돌려준다.

3 공에 맞아서 아웃된 학생은 공격팀 사이에서 점보스택스를 든 채 서 있으며, 공을 점보스택스로 받으면 부활한다.

은철쌤 깨알 꿀팁

부활하는 경우는 수비팀이 공을 받아서 같은 팀의 점보스택스에 넣어 주는 경우이다. 또는 공격팀이 던진 공을 외야에서 점보스택스로 받을 경우에도 부활이 가능하다. 수비팀이 점보스택스로 받지 않은 공을 굴려 주거나 넣어 주는 경우에는 부활에 해당하지 않는다.

4 공격과 수비를 번갈아 경기하며, 제한 시간이 지났을 때 경기장 안에 더 많이 생존한 쪽이 승리한다.

은철쌤 깨알 꿀팁

승패는 수비 시 생존 인원수로 정한다. 경기 시간은 5분 정도로 정하며, 종료 시점에 살아 있는 인원수가 가장 많거나 적지 않을 수 있으므로 승패에 '운'이 작용한다. 모두 아웃된 경우에는 소요 시간을 확인한다.

공잡이 대장 공놀이

- 활동 장소 : 교실/강당　　　- 활동 인원 : 두 팀 경쟁　　　- 준비물 : 풍선

이 활동은 두 팀으로 나뉘어 원 대형으로 앉아 풍선치기를 통해 수비를 뚫고 점수를 내는 협동 및 경쟁형 놀이입니다.

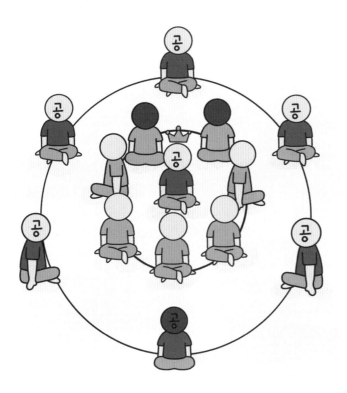

1 공격과 수비 두 팀으로 나누고, 수비팀은 대장을 1명 뽑는다. 수비팀은 작은 원 위에 서로 붙어 앉고 공잡이 대장이 그 안에 들어간다.

은철쌤 깨알 꿀팁

놀이 여건에 따라 수비팀의 학생 수 및 작은 원의 크기 등을 조절할 수 있다.
수비팀은 원활한 수비를 위해 팀원 간 간격을 좁혀 가능한 한 가까이 앉도록 한다.

2 공격팀은 큰 원 위에 앉아 놀이 시작과 함께 1개씩 풍선을 쳐 수비팀 원 안에 넣는다.

은철쌤 깨알 꿀팁

처음 놀이 시 공격 팀원 1명당 풍선 1개로 진행하면 매우 혼잡할 수 있다. 개수를 조금 적게(4명당/2명당 1개) 시작하여 점차 늘려 가도록 한다.
또한 처음에는 풍선을 손으로 쳐서 넘기는 방법으로 운영하다 점차 익숙해지면 미몽이 라켓을 사용하여 놀이의 난이도를 조절할 수 있다.

3 수비팀은 자신의 작은 원 안으로 풍선이 들어오지 못하도록 막고, 공격팀은 수비를 뚫고 풍선이 작은 원 안에 들어가게 하면 1점을 얻는다.

은철쌤 깨알 꿀팁

동시에 여러 풍선을 치고 있으므로 공격 팀원은 반드시 풍선이 작은 원 안에 들어가는 것을 확인한 후 공격 팀원 스스로 점수를 올린다.
풍선이 작은 원 안에 들어가면 수비팀 대장은 큰 원 밖으로 해당 풍선을 던져 공격팀에게 돌려준다.

4 일정 시간이 지나면 공수를 바꾸어서 진행하고, 점수가 높은 팀이 승리한다.

은철쌤 깨알 꿀팁

교사가 3분, 1분 전에 끝날 시간을 미리 안내하고, 10초 전부터 카운트다운을 하여 학생들이 남은 시간을 인지할 수 있도록 한다.
정해진 시간이 끝나면 교사가 호루라기 등으로 타임아웃을 안내하고 이후 들어가는 풍선은 카운트하지 않는다.

4대장 공놀이

• 활동 장소 : 강당/운동장   • 활동 인원 : 두 팀 경쟁   • 준비물 : 라인, 공, 팀조끼

이 활동은 두 팀으로 나뉘어 팀원 간 패스를 통해 대장에게 공을 전달
하여 점수를 많이 내는 팀이 승리하는 놀이입니다.

4대장 공놀이 활동 방법

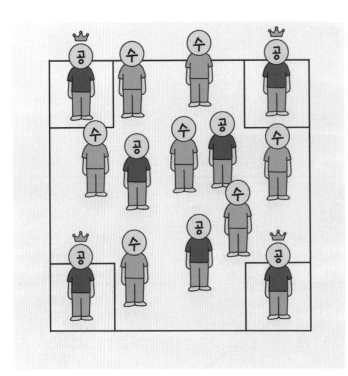

1 공격과 수비 두 팀으로 나누고, 공격팀 중 4명은 대장이 되어 대장 영역으로 들어간다.

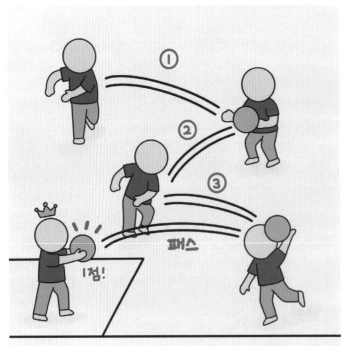

2 공격팀은 수비팀을 피해 팀원과 공을 3번 주고받고 가까이 있는 대장에게 패스를 성공하면 1점을 얻는다.

3 수비팀은 날아가는 공을 가로챌 수 있고, 대장은 선 밖에서 공을 잡으면 안 된다.

은철쌤 깨알 꿀팁

소유권이 없는 공(떠 있는 공, 굴러다니는 공만 뺏을 수 있으며, 누군가 들고 있는 공은 가로챌 수 없다.
대장이 선 밖으로 나와서 공을 잡으면 무효다.

4 공수를 교대하며 놀이를 반복하고 5점을 내는 데 걸리는 시간을 측정하여 승부를 가린다.

은철쌤 깨알 꿀팁

점수 달성에 걸린 시간으로 승패를 정하거나, 제한 시간 동안 획득한 점수로 승부를 결정해도 괜찮다.

4부

기억

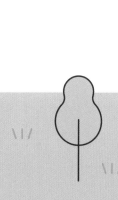

통합교과서의 '기억' 단원은 과거의 경험과 배움을 되새기고, 이를 통해 현재와 미래를 계획하는 능력을 기르는 것을 중점으로 2학년과 3학년을 잇는 진로연계교육과 연계하여 개발되었습니다. 즉 2학년 생활에서 쌓은 기억을 바탕으로 3학년을 예상하며 준비할 수 있도록 구성된 주제입니다. 교과서에서는 앞서 1, 2, 3부에서 다루었던 계절, 인물, 물건 단원의 핵심 내용들을 바탕으로 한 신체활동이 골고루 분배되어 있습니다. 따라서 이 책에서는 각 단원의 핵심 아이디어들을 반영한 놀이를 골고루 제공합니다. 예를 들어, 계절의 변화에 따라 다양한 장소에서 활동할 수 있도록 구성된 '날 따라 해 봐요 1', '주사위 색깔 피구' 같은 다양한 실내외 놀이와 '인물'에서 중점을 두었던 과거의 놀이 문화를 체험하고, 현재의 놀이 문화를 이해하게 하며, 놀이를 통해 공동체 의식을 기르고 인성을 함양하는 '목표를 향해 던져요' 같은 변형 전통놀이, 그리고 '물건'에서 중점을 두었던 도구를 보는 새로운 시각으로 창의적으로 재해석한 '거미줄 놀이' 등을 골고루 제공합니다.

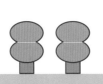

기본 움직임 요소	교실 놀이	강당이나 운동장 놀이
몸풀기	사냥꾼 놀이	날 따라 해 봐요 1
밀기 당기기 균형잡기	도토리 옮기기	가위바위보 구르기
걷기 달리기		색 술래잡기
높이뛰기 멀리뛰기	거미줄 놀이	날 따라 해 봐요 2
던지기 치기 차기	주사위 색깔 행동 놀이	주사위 색깔 피구
	통통통 튕겨 넣어요	목표를 향해 던져요
	풍풍풍 풍선 치기	릴레이 풍선 치기

몸풀기

사냥꾼 놀이

- 활동 장소 : 교실   - 활동 인원 : 전체   - 준비물 : 없음

이 활동은 학급을 대문과 동물로 나눠 사냥꾼을 피해 동물이 대문으로 달아나는 놀이입니다.

1 학급을 대문팀과 동물팀으로 나눈다.

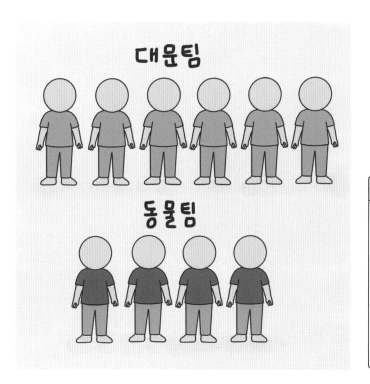

은철쌤 깨알 꿀팁

처음에는 반 전체 인원을 대문팀 2, 동물팀 1의 비율로 나눈다. 대문을 만드는 데 2명의 학생이 필요하므로 2:1로 나누어야 정확하게 맞아떨어진다. 학생 수가 부족하거나 모자라면 선생님이 참여하여 숫자를 맞춰 준다.

이후 학생보다 대문이 조금 부족하도록 구성하여 탈락자를 만들어 경기를 진행한다.

2 대문 역할 친구들은 각 2명이 모여 양손을 맞잡고 들어 올려 대문을 만든다.

은철쌤 깨알 꿀팁

대문을 만들면 그 자리에서 움직이지 않는다. 오랜 시간 손을 들고 있으면 팔이 아프기 때문에 대기 중일 때는 손을 내리고 있어도 된다고 알려 주는 것이 좋다.

3 동물 역할 친구들은 자신이 원하는 동물을 표현하며 교실을 자유롭게 돌아다닌다.

은철쌤 깨알 꿀팁

자신이 표현하고 싶은 동물을 자유롭게 표현하며 돌아다닌다. 다만 지나치게 움직이거나 소리를 내지 않도록 지도한다.

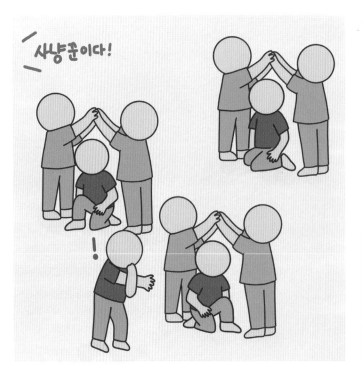

4 선생님이 "사냥꾼이다"라고 외치면 대문팀은 두 손을 맞잡고 동물팀은 대문 사이로 들어간다.

은철쌤 깨알 꿀팁

여러 명이 동시에 대문에 들어오면 가위바위보 대결로 이긴 친구가 대문에 들어오도록 한다. 서로 부딪치지 않게 조심하도록 지도해야 안전사고를 예방할 수 있다.

사냥꾼이 지나갔다!

탈락자 착석

5 선생님이 "사냥꾼이 지나갔다"라고 외치면 문에서 나와 교실을 돌아다니다가, 다시 사냥꾼이 나타나면 대문으로 들어간다.

은철쌤 깨알 꿀팁

대문에 들어가지 못한 친구는 그 자리에 앉는다. 동물팀보다 대문팀이 많아지면 대문팀을 줄여 준다. 어느 정도 활동을 하면 대문 역할과 동물 역할을 바꿔 준다.

날 따라 해 봐요 1

• 활동 장소 : 강당　　• 활동 인원 : 전체　　• 준비물 : 훌라후프

이 활동은 훌라후프에 있는 친구의 동작을 다른 친구들이 따라 하는 놀이입니다.

1 강당 곳곳에 훌라후프를 두고 자유롭게 돌아다닌다.

은철쌤 깨알 꿀팁

훌라후프의 개수를 조절할 수 있다. 훌라후프가 많아져 예시 동작을 취하는 학생이 많아져 다양한 동작이 나오고, 그중 쉬운 동작을 따라 할 수 있어 난이도가 쉬워진다. 훌라후프의 개수는 3명당 1개 정도가 적당하다.

2 휘슬 소리가 나면 훌라후프 안으로 들어가서 친구들이 따라 할 동작을 취한다.

우짓을 따라 할까?

은철쌤 깨알 꿀팁

훌라후프 안으로 빨리 들어가기 위해 뛰지 않고 걸어서 들어가기로 약속한다. 훌라후프 안에 들어가서야 동작을 생각하지 않고 미리 어떤 동작을 취할지 생각한 후 바로 자세를 잡을 수 있도록 안내한다.

3 안으로 들어가지 못한 학생은 훌라후프 안 친구의 동작 중 따라 하고 싶은 동작을 5초간 따라 한다.

은철쌤 깨알 꿀팁

훌라후프 안으로 들어가지 못한 학생은 훌라후프 안의 여러 가지 동작을 관찰하고 자신이 따라 하고 싶은 동작을 한 친구의 훌라후프 옆에 가서 따라 하도록 하는 것이 성공 여부 구분에 좋다.

4 모든 친구가 동작을 따라 하면 자리에 앉는다. 모두 자리에 앉은 후 반복하여 놀이한다.

은철쌤 깨알 꿀팁

동작 표현은 자유롭게 하되, 모두 성공할 때까지 동작을 유지해야 하므로 너무 따라 하기 어렵거나 복잡한 동작은 제시하지 않도록 지도해 준다.

밀기 · 당기기 · 균형잡기

도토리 옮기기

• 활동 장소 : 교실   • 활동 인원 : 두 팀 경쟁   • 준비물 : 매트, 콩주머니

이 활동은 학급을 2개 모둠으로 나누고, 매트로 달려가 구르면서 콩주머니를 옮기는 놀이입니다.

1 매트 2개를 준비하고, 각 매트의 한쪽 끝에 콩주머니를 여러 개 놓는다.

은철쌤 깨알 꿀팁

콩주머니는 최소한 모둠 인원수만큼 준비하며, 여유 있게 준비하면 정해진 시간 동안 콩주머니를 최대한 많이 옮기는 놀이로 진행할 수 있다.
놀이에 참여하는 학생들의 수준을 고려하여 매트와 출발선 거리를 조절한다.

2 게임이 시작되면 모둠의 첫 주자부터 달려 나가 매트의 한쪽 끝에 누워 콩주머니를 집고 옆으로 굴러 반대편 끝에 콩주머니를 옮겨 놓는다.

은철쌤 깨알 꿀팁

콩주머니를 던지지 않고, 몸을 매트 끝까지 굴린 후 내려놓도록 한다.

도토리 옮기기 활동 방법

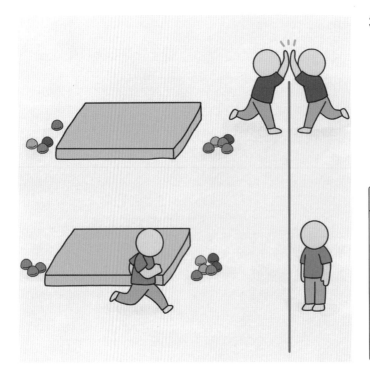

3 콩주머니를 놓은 후 달려
와 다음 주자와 터치하면
다음 주자가 똑같이 진행
하며 모든 주자가 마칠 때
까지 계속한다.

은철쌤 깨알 꿀팁

학급의 수준에 따라 놀이 방식을 달리할
수 있다.
– 모둠원의 수만큼 콩주머니를 준비하여
모든 콩주머니를 먼저 다 옮긴 모둠이
승리.
– 콩주머니를 넉넉히 준비하여 제한 시
간 동안 가장 많은 콩주머니를 옮긴 모
둠이 승리.

가위바위보 구르기

- 활동 장소 : 강당/운동장
- 활동 인원 : 두 팀 경쟁
- 준비물 : 매트

이 활동은 학급을 2개 모둠으로 나누어, 1명씩 달려 나가 가위바위보를 한 후 결과에 따라 구르기를 하고 돌아오는 놀이입니다.

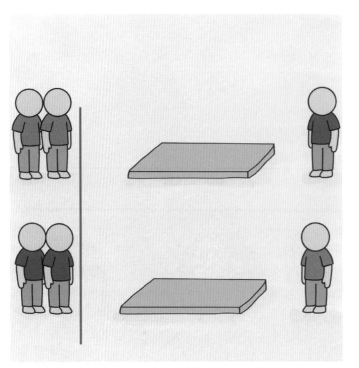

1 두 팀으로 나뉘어 출발선에 서고 매트 2개를 준비하며, 각 매트 앞에 가위바위보를 할 상대 팀 1명이 선다.

은철쌤 깨알 꿀팁

매트 앞에 설 친구는 주자들과 가위바위보를 하는 역할이므로 경기가 끝난 후 다른 친구와 역할을 바꿔 구르기 할 기회를 주도록 한다.

2 경기가 시작되면 1명씩 달려 나가 매트에서 한 번 구른 후 미리 서 있던 상대 팀 친구와 가위바위보를 한다.

은철쌤 깨알 꿀팁

학급 수준에 따라 출발점에서 매트까지의 거리를 조절한다. 매트에서 구른 후 매트 너머에서 기다리던 친구와 가위바위보를 할 때 부딪히지 않도록, 거리를 두고 기다리며 서 있도록 지도한다.

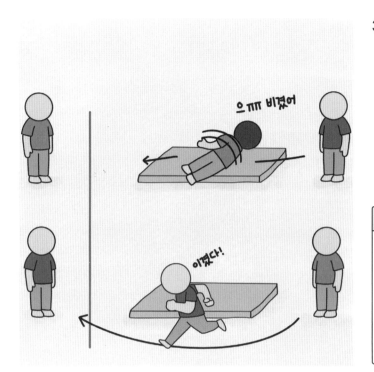

3 가위바위보의 결과에 따라 주자가 돌아오는 방법을 달리 진행하며(아래 꿀팁 참고), 모든 주자가 마칠 때까지 계속한다.

은철쌤 깨알 꿀팁

가위바위보 결과에 따라 주자가 돌아오는 방법 예시 :

– 이기면 뒤돌아 매트에서 구르지 않고, 매트 옆으로 달려온다.
  (매트를 밟지 않도록 한다.)
– 비기거나 지면 뒤돌아 매트에서 다시 구른 후 달려온다.

걷기·달리기

놀이 1

색 술래잡기

색 술래잡기

• 활동 장소 : 강당　　• 활동 인원 : 전체　　• 준비물 : 색깔주사위, 팀밴드

이 활동은 색깔주사위를 던져 해당 색을 가진 학생을 잡아 빨리 돌아
오는 술래잡기형 놀이입니다.

색 술래잡기 활동 방법

1 제비뽑기로 총 6개 색깔 중 담당할 색깔을 정하고 팀밴드를 찬다.

은철쌤 깨알 꿀팁

학생 모두 랜덤으로 6가지 색깔 중 담당 색을 정한다. 이때 모든 색깔의 인원수가 같을 필요는 없다.
색이 다른 팀밴드를 착용하고 뛰는 중에도 학생들이 각자 어떤 색깔을 부여받았는지 알 수 있도록 한다.

2 학생들은 자유롭게 돌아다니고, 교사는 시작 신호와 함께 색깔주사위를 던져 도망자팀의 색을 정한다.

빨강!

은철쌤 깨알 꿀팁

주사위 여섯 면에 색깔을 지정하고 교사가 주사위를 굴려 술래가 될 색깔을 정한다.
어떤 색이 나올지 모르기 때문에 전략적으로 가까이, 멀리 등 거리를 다양하게 조절할 수 있음을 알려 준다.

3 주사위에 나온 색을 부여받은 학생을 잡아 도착선 안으로 들어오는 학생은 통과한다.

은철쌤 깨알 꿀팁

잡힌 학생은 몸부림치거나 폭력적인 행동을 하지 않도록 사전에 주의를 준다.
잡는 학생은 터치할 때 양어깨를 두 손으로 잡아야 하는 룰을 추가하여 사고를 막는다.
잡혀 온 도망자 색깔팀 역시 다음 라운드에 함께 진출한다.

높이뛰기 · 멀리뛰기

거미줄 놀이

• 활동 장소 : 교실   • 활동 인원 : 전체   • 준비물 : 고무줄, 체조매트, 책상

이 활동은 학급을 2개 모둠으로 나눈 뒤 상대 팀이 연결한 거미줄을
뛰어넘는 놀이입니다.

1 전체 인원을 2개 모둠으로 나누고, 교실 가운데에 체조 매트를 깔고, 체조매트 양쪽 으로 책상을 둔다.

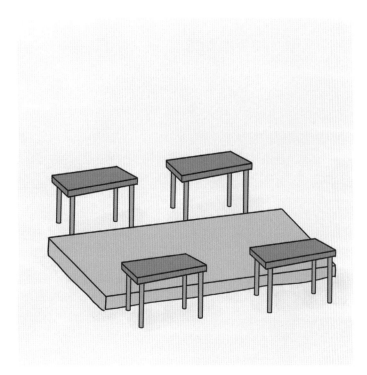

은철쌤 깨알 꿀팁

체조매트는 2개, 책상은 체조매트당 4 개씩 총 8개를 둔다.

2 A팀은 책상다리 쪽에 고무 줄을 묶어서 거미줄을 만 든다.

은철쌤 깨알 꿀팁

학생들이 서로 너무 어렵게 고무줄을 묶지 않도록 안내한다. 놀이임을 강조하여 학생들이 넘어가기 좋게 고무줄을 연결 하도록 한다.

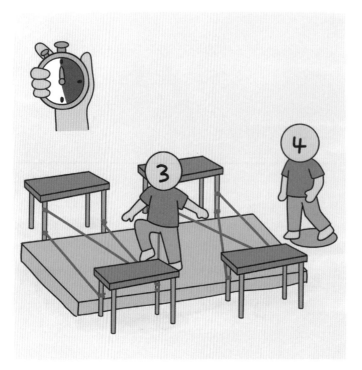

3 B팀은 음악이 흘러나오는 동안 1명씩 고무줄을 뛰어넘어 도착 지점에 도착한다.

은철쌤 깨알 꿀팁

대기 장소에 원마커를 두어 순서대로 질서 있게 준비할 수 있도록 한다. 고무줄에 신체가 닿은 경우에는 시작점으로 돌아가 다시 참여한다. 학생이 도착 지점에 도착할 때마다 점수판을 넘겨 몇 명이 통과했는지 알려 준다.

음악이 끝나기 전에 넘은 학생 수만큼만 점수로 인정하고 참여하지 못한 학생부터 다음 차례에 이어서 진행한다.

4 B팀이 거미줄을 만들고, A팀이 고무줄을 뛰어넘는 과정을 반복한다.

은철쌤 깨알 꿀팁

학습자 수준에 따라 놀이를 변형할 수 있다.

– 거미줄 높이 올리기.
– 뛰기 방법 정하기 :
　모둠발 뛰기, 오른발 뛰기 등.

날 따라 해 봐요 2

• 활동 장소 : 강당/운동장   • 활동 인원 : 전체   • 준비물 : 고무줄

이 활동은 맨 앞 친구의 뛰어넘는 동작을 따라 하며 고무줄을 뛰어넘는 놀이입니다.

1 고무줄을 1개 준비하고 한
줄로 학생들이 선다.

은철쌤 깨알 꿀팁

학생 수가 많으면 고무줄을 더 준비하
여 두 팀으로 실시한다. 고무줄을 뛰어
넘다 걸리지 않도록 무릎 아래 높이로
들어 준다.

2 맨 앞에 있는 학생이 다양한
동작으로 고무줄을 뛰어넘
고, 뒤에 있는 학생들이 같
은 동작으로 따라서 뛰어넘
는다.

은철쌤 깨알 꿀팁

줄 왼쪽에 서서 오른쪽으로 한 발씩 뛰
기, 줄 오른쪽에 서서 왼쪽으로 한 발씩
뛰기, 줄 왼쪽에 서서 오른쪽으로 모둠발
로 뛰기, 줄 오른쪽에 서서 왼쪽으로 모
둠발로 뛰기 등 다양한 방법으로 뛸 수
있도록 사전 지도한다.

3 고무줄을 3개 준비하여 삼
각형 형태로, 고무줄을 4개
준비하여 사각형 형태로 진
행한다.

은철쌤 깨알 꿀팁

학생들에게 미리 동작을 생각할 시간을
주고 실시하면 소극적인 학생들이 좀 더
적극적으로 참여할 수 있다.
모두 뛰고 나면 다음 친구가 동작을 정해
서 뛰어넘으며 놀이를 반복한다.

던지기·치기·차기

주사위 색깔 행동놀이

빨강!

- 활동 장소 : 교실　　　- 활동 인원 : 전체　　　- 준비물 : 색마커, 색깔주사위

이 활동은 주사위가 나온 면에 해당하는 행동을 하는 놀이입니다.

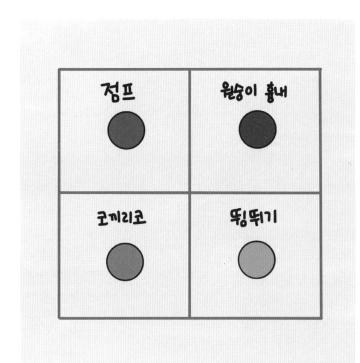

1 교실을 4구역으로 나누고 각 구역에 각기 다른 색의 마커를 놓고, 색마다 특정 행동을 정한다.

> **은철쌤 깨알 꿀팁**
>
> 학생들이 구역의 색깔을 구별하는 것이 목적이므로 색마커 외 다른 도구의 사용도 가능하다.
> 색마다 특정 행동을 미리 정한다.
> (노랑 : 뜀뛰기 / 파랑 : 코끼리코 / 빨강 : 점프 / 초록 : 원숭이 흉내 등.)

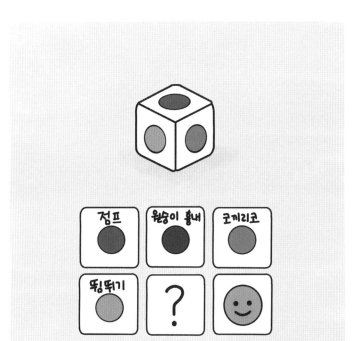

2 주사위 6면을 '4구역 특정 행동 + 물음표 + 스마일'로 표시한다.

> **은철쌤 깨알 꿀팁**
>
> – 색깔 : 해당 색깔의 마커에 있는 학생들만 특정 행동하기.
> – 물음표 : 주사위를 던진 사람이 임의로 색깔을 불러 그 색깔 구역의 학생들이 특정 행동하기.
> – 스마일(웃음 표시) : 모든 색 구역의 학생들이 특정 행동하기.

3 학생들은 음악에 맞춰 4구역을 마음대로 돌아다니다 구호가 울리면 멈춘다.

은철쌤 깨알 꿀팁

멈춘 구역에 해당하는 색깔을 확인하고 자신이 위치한 구역 색깔의 특정 행동을 기억한다.

4 주사위에 나오는 면에 따라 미리 정해둔 행동을 한다.

은철쌤 깨알 꿀팁

자신이 위치한 구역의 특정 행동을 하는 경우는 다음과 같다.
– 주사위 면에 자신이 위치한 색이 나옴.
– 물음표가 나오고 던진 사람이 자신이 해당하는 구역의 색깔을 지목.
– 스마일(웃음 표시)가 나옴.

주사위 색깔 피구

내가 막을게 !

• 활동 장소 : 강당/운동장　• 활동 인원 : 두 팀 경쟁　• 준비물 : 색깔팔찌, 색깔주사위

이 활동은 색깔주사위를 던져 무적인 색을 정하고 제한 시간 동안 경쟁
하는 피구형 놀이입니다.

주사위 색깔 피구 활동 방법

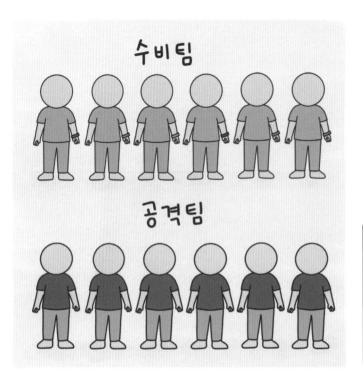

수비팀

공격팀

1 두 팀으로 나누고 각 팀당 6가지 색깔의 팔찌를 골고루 나누어 준다.

은철쌤 깨알 꿀팁

팀당 6가지 색깔이 골고루 분배되도록 한다. (예 : 팀당 12명일 경우 6가지 색깔 팔찌를 색깔당 2명씩 착용할 수 있도록 한다.)
색깔 팔찌가 똑같이 분배될 수 없는 인원이면 최대한 편차가 적게 분배한다.

2 수비팀은 원 안에 들어가고 색깔주사위를 던져서 무적이 될 색을 정한다.

보라색 무적!

내가 지켜줄게!

은철쌤 깨알 꿀팁

주사위를 굴려 나온 색을 가진 사람이 무적이 되어 우리 팀을 공격팀의 공격으로부터 보호하도록 한다.

3 공격팀은 제한 시간 동안 원 안으로 공을 던져 무적인 사람을 제외하고 최대한 많이 아웃시킨다.

은철쌤 깨알 꿀팁

놀이에 참여하는 학생 수에 따라 제한 시간을 조절하고 아웃된 사람은 원 밖으로 나온다. 제한 시간 동안 아웃시킨 학생 수가 점수가 되고 역할을 바꾸어 점수 경쟁을 한다.

통통통 튕겨 넣어요

• 활동 장소 : 교실   • 활동 인원 : 두 팀 경쟁   • 준비물 : 탁구공, 수조, 점수판

이 활동은 학급을 2개 모둠으로 나눈 뒤 목표(물이 담긴 수조)를 향해 물
체(탁구공)를 튕겨 넣는 놀이입니다.

1 전체 인원을 2개 모둠으로 나누고 모두에게 탁구공을 1개씩 준다.

은철쌤 깨알 꿀팁

보다 많은 놀이 경험을 제공하기 위해서는 팀을 더 많이 설정하고, 놀이에 참여하는 학생에게 주어지는 탁구공 개수를 늘려도 좋다.

2 책상 위 또는 교실 바닥에 물이 담긴 수조를 놓고 일정 거리에 선을 긋는다.

출발선

은철쌤 깨알 꿀팁

놀이에 참여하는 학생들의 수준을 고려하여 수조와 출발선 간 거리를 조절한다. 수조에 담는 물의 양을 게임에 참여하는 각 모둠이 결정할 수 있도록 하면 전략적 사고에 도움이 된다.

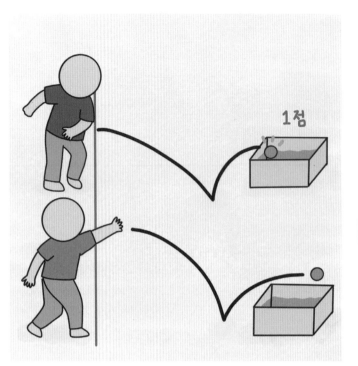

3 모둠에서 1명씩 출발선에 서서 수조를 향해 탁구공을 튕겨 넣는다.

은철쌤 깨알 꿀팁

수조를 향해 탁구공을 직접 던지지 않도록 주의한다. 사람을 향해 물체를 던지거나 장난식으로 참여하는 경우가 발생하지 않도록 한다. (탁구공이 다른 곳으로 튀거나 물이 튈 경우를 대비하여 도움 모둠을 만들어 활용할 수 있다.)

4 모든 학생이 탁구공을 던지면 각 모둠의 대표는 수조에 들어간 탁구공 개수를 세고, 많이 넣은 모둠이 승리한다.

은철쌤 깨알 꿀팁

학습자 수준에 따라 놀이를 변형할 수 있다.
- 점수 부여 방식 변형 : 수조에 들어간 탁구공의 개수로 점수 부여. 또는 수조에 들어가기까지 탁구공이 튄 횟수만큼 점수 부여.
- 목표 변형 : 수조를 달걀판, 15온스 종이컵 등 탁구 공이 들어갈 수 있는 다른 목표로 변형 가능.

목표를 향해 던져요

· 활동 장소 : 강당/운동장   · 활동 인원 : 두 팀 경쟁   · 준비물 : 콩주머니, 라인테이프

이 활동은 학생이 스스로 난이도를 정하고, 목표물에 물체를 던져 넣는 놀이입니다.

목표를 향해 던져요 활동 방법

1 학급을 두 팀으로 나누고, 모두에게 콩주머니를 하나씩 준다.

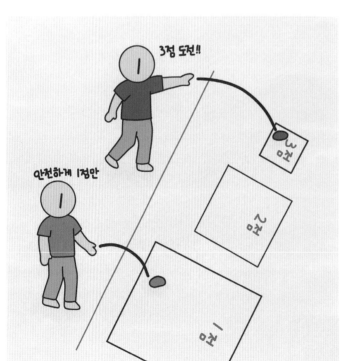

2 1, 2, 3점 목표를 표시하고 모둠에서 1명씩 나와 선택한 목표를 향해 콩주머니를 던진다.

3 모두가 콩주머니를 던진 후 각 목표에 들어간 콩주머니 점수를 더하고 더 많은 점수를 획득한 모둠이 승리한다.

은철쌤 깨알 꿀팁

스스로 목표를 선택해서 도전하고 승리 경험보다 성공 경험을 할 수 있도록 안내하면 소극적 참여자의 활동을 도울 수 있다.

활동에 익숙해지면 단계를 세분화한 후 모둠별로 전략을 세워 활동하게 할 수 있다.

퐁퐁퐁 풍선치기

•활동 장소 : 교실   •활동 인원 : 팀 경쟁   •준비물 : 원마커, 풍선

이 활동은 모둠별 경쟁 활동으로 주자의 순서를 바꿔 가며 풍선을 빨리 쳐서 넘기는 놀이입니다.

1 6명씩 네 팀으로 나누어 1번
주자는 앞에 서고, 2~5번
주자는 일정한 거리를 두고
바닥에 줄을 지어 앉는다.
6번 주자는 줄 뒤에 선다.

은철쌤 깨알 꿀팁

자리에 원마커를 두고 지정 자리에 앉아
서 활동할 수 있도록 한다. 교실 공간에
따라 두 팀 혹은 네 팀씩 경기를 진행할
수 있다.

2 1번 주자부터 풍선을 쳐서
6번 주자에게 전달한다.

은철쌤 깨알 꿀팁

중간에 앉은 팀원들이 서로 도와 풍선을
쳐서 6번 주자에게 갈 수 있도록 한다. 어
느 신체 부위를 사용하든 상관없으나 주
변 친구에게 피해를 주지 않는 범위에서
허용한다. 풍선을 바닥에 떨어뜨린 경우,
가장 가까운 주자가 가져와 이어서 진행
한다.

3 6번 주자는 풍선을 들고 1번 주자 자리로 오고, 나머지 주자들은 1→2→3→4→5→6번으로 한 칸씩 뒤로 자리를 이동한다.

은철쌤 깨알 꿀팁

마지막 주자는 앞으로 나올 때, 다른 팀과 부딪힐 수 있으므로 바깥쪽 동선으로 (두 팀 경기일 경우) 풍선을 들고 나올 수 있도록 한다.

4 반복하여 1번 주자가 마지막 자리에서 풍선을 들게 되면 재빨리 선생님에게 풍선을 가지고 온다. 나머지 주자는 바닥에 바르게 앉는다.

도착!

은철쌤 깨알 꿀팁

경쟁이 너무 치열하면 팀의 도착 시간을 모두 합해서 이전 기록과 비교하는 학급 협력 활동으로서 진행할 수 있다.

릴레이 풍선치기

- 활동 장소 : 강당/운동장
- 준비물 : 풍선, 콩주머니, 바구니, 원마커
- 활동 인원 : 팀 경쟁

이 활동은 개인 또는 팀으로 풍선을 치며 미션을 해결하는 놀이입니다.

릴레이 풍선치기 활동 방법

1 6명씩 네 팀으로 나뉘어 강당 중앙을 바라보며 네 곳에 줄을 선다.

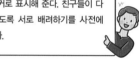

은철쌤 깨알 꿀팁

공간에 따라 팀 구성 및 동시 참여 인원수를 조절할 수 있다. 팀의 출발 위치를 원마커로 표시해 준다. 친구들이 다치지 않도록 서로 배려하기를 사전에 약속한다.

2 출발 신호에 따라 1명씩 풍선을 치며 나아가 중앙에 있는 콩주머니를 가지고 다시 풍선을 치며 돌아와 팀 바구니에 넣는다.

은철쌤 깨알 꿀팁

출발 전에는 두 손으로 풍선을 잡을 수 있다. 풍선을 치는 신체 부위는 상관없으나 풍선이나 콩주머니가 바닥에 떨어지면 그 자리에서 다시 시작한다.

3 모두 돌아왔다면 2명씩 짝을 지어 풍선을 치며 중앙에 있는 콩주머니를 들고, 다시 풍선을 치며 돌아온다.

은철쌤 깨알 꿀팁

경기 시작 전, 미리 2명씩 짝을 정해 한쪽 손을 잡고 놀이에 참여한다. 짝이 다치지 않도록 서로 배려하기를 사전에 약속한다. 홀수 인원인 경우, 한 팀은 3명이 함께 출발할 수 있다.

4 마지막으로 모든 팀원이 함께 손을 잡고 출발하여 풍선을 치며 중앙에 있는 콩주머니를 가지고 돌아온다.

은철쌤 깨알 꿀팁

놀이 시작 전 혼자/짝/팀 풍선치기를 충분히 연습할 수 있도록 한다. 가지고 오는 콩주머니의 개수는 담당 교사의 재량으로 1개 혹은 인원수대로 가져오기 등으로 정할 수 있다. 같은 시간 동안 많은 콩주머니를 가져오는 놀이로 변형할 수 있으며, 4번 순서 후 2번 순서부터 다시 시작한다.

초등학생을 위한 기적의 신체놀이

2학년 2학기

초판 1쇄 2024년 8월 31일
글 서은철 | **그림** 김재희
편집기획 북지육림 | **교정교열** 김민기 | **디자인** 이선영
종이 다올페이퍼 | **제작** 명지북프린팅 | **펴낸곳** 지노 | **펴낸이** 도진호, 조소진
출판신고 2018년 4월 4일 | **주소** 경기도 고양시 일산서구 강선로 49, 916호
전화 070-4156-7770 | **팩스** 031-629-6577 | **이메일** jinopress@gmail.com

ⓒ 서은철, 김재희, 2024
ISBN 979-11-93878-10-1 (03370)